Ce livre appartient à

____

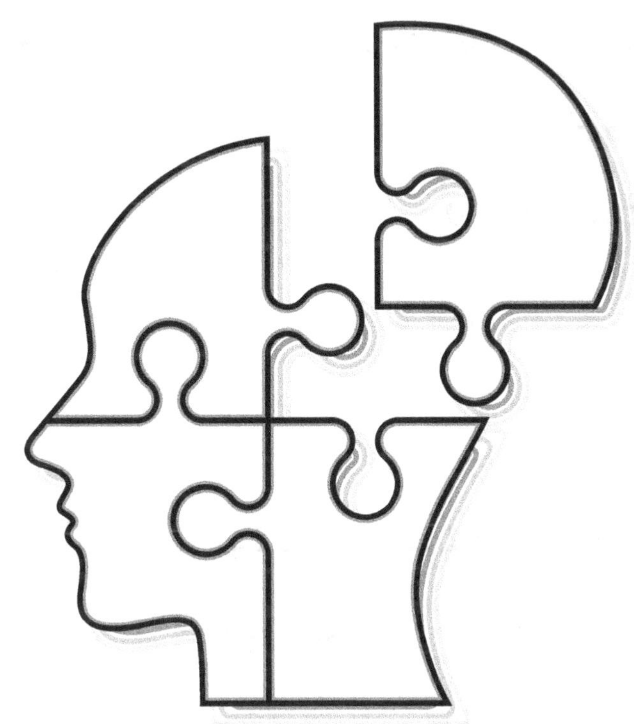

Nous vous serions reconnaissants
si vous pouviez nous laisser un commentaire
sur amazon.Merci

Table des matières

* MOTS CROISÉS — 3

* MOTS MÉLÉS — 8

* LABYRINTHE — 28

* SUDOKU 9*9 INTERMÉDIAIRE — 48

* SUDOKU 9*9 FACILE — 53

* DIFFICILE SUDOKU 9*9 — 63

* COLORIAGE — 68

* SUDOKU 4*4 — 73

* SUDOKU 6*6 — 78

* SOLUTION DES MOTS CROISÉS — 83

* SOLUTION DES MOTS MÊLÉS — 84

* SOLUTION SUDOKU 9*9 INTERMÉDIAIRE — 85

* SOLUTION SUDOKU 9*9 FACILE — 86

* SOLUTION SUDOKU 9*9 DIFFICILE — 88

* SOLUTIONS SUDOKU 4*4 — 89

* SOLUTIONS SUDOKU 6*6 — 91

* COLORIAGE — 93

MOTS CROISÉS N°1

1	2	3	4	3	5	4	5	6	7	3	■	8	9	8
10	8	11	7	3	9	3	■	12	5	9	7	13	5	11
8	9	10	3	■	6	5	11	8	14	3	■	5	10	8
4	8	3	9	10	3	■	15	11	3	■	5	10	3	9
7	16	3	9	3	■	14	17	8	■	17	4	3	9	17
11	5	■	3	18	8	7	4	■	11	5	3	■	8	12
7	4	3	■	5	2	10	3	13	■	18	5	7	1	7
1	3	18	5	7	9	■	8	7	19	7	14	5	■	1
18	■	3	11	11	3	18	7	■	3	17	15	■	1	10
3	4	15	10	■	18	3	9	■	2	3	17	12	3	3
■	3	10	8	2	3	■	3	2	7	1	■	15	9	■
15	10	3	9	7	11	1	■	8	■	■	3	4	16	3
4	10	■	7	11	10	3	4	4	3	17	10	15	3	4
20	5	21	5	15	■	2	15	8	■	20	8	4	■	22
3	11	1	■	2	8	10	3	11	10	■	10	8	23	3

1	2	3	4	5	6	7	8	9	10	11	12	13
					G						H	

14	15	16	17	18	19	20	21	22	23	24	25	26
	U					V		F				

INDICE :   Le nom d'une grande station balnéaire française

9	5	21	8	11

MOTS CROISÉS N°2

4	21	23	2	2	3	■	1	8	3	11	10	17	3	■	6	■	10
5	19	■	4	■	24	7	2	3	■	3	5	19	5	15	3	3	20
18	10	2	17	7	4	8	3	■	8	10	■	3	26	3	5	21	10
4	26	4	5	3	8	7	4	8	3	■	15	2	3	20	■	8	3
26	3	26	3	8	■	4	5	7	18	19	10	3	20	■	12	3	2
3	8	3	■	7	26	8	3	■	3	21	4	26	■	2	7	21	■
20	■	8	19	26	4	3	■	19	■	3	20	26	8	7	17	19	5
■	1	4	26	4	3	■	1	8	3	20	20	3	■	24	10	5	4
22	■	3	26	19	5	5	3	■	5	■	19	■	1	4	3	■	15
8	7	■	19	5	■	7	8	7	15	14	5	3	3	5	■	7	14
7	8	10	24	■	9	10	26	4	2	3	■	7	5	3	24	4	3
15	3	■	7	4	■	26	4	8	7	■	14	10	4	20	■	24	3
14	■	3	5	15	2	4	5	■	18	4	3	■	15	■	21	3	20
■	2	10	■	4	■	20	3	24	3	8	■	15	14	7	4	8	■
8	4	16	3	■	7	24	5	3	20	4	3	■	3	■	7	■	25
4	2	■	4	5	■	3	26	3	■	21	10	20	■	24	■	5	7
24	7	10	8	3	20	■	3	26	10	4	■	19	3	4	2	■	2
3	20	20	3	■	19	15	■	4	5	10	20	4	26	3	■	3	2
10	■	3	■	P	2 L	3 E	I	5 N	■	24	19	8	7	2	3	■	19
8	4	20	13	10	3	20	■	17	19	■	2	■	2	■	26	19	5

1	2	3	4	5	6	7	8	9	10	11	12	13
P	L	E	I	N								

14	15	16	17	18	19	20	21	22	23	24	25	26

MOTS CROISÉS N° 3

5	19	1 P	17	4	3	24	16	19	2	10		26		9	20	4	20
3	10	2 U	24		8		2	1	18	17	8	19	4		11	3	18
16		3 A	16	19	17	18		1		22	20	4	17	5	23		5
3	4	4 N	2	8	3	5	17	19	4		18	11	20	3	2	15	
11	20	5 T		17	18	19	5	10	19	1	20		8	17	20		12
	25		19	16		1	3	5	20	10		17	8	20		6	19
1	10	19		10	20		8	2		20	8	8	20		23	2	24
23	19		6	17	18	5	17	4	11	5	20		18	19	2		16
3	18	18	3	2	5		14		20	10		10		1	20	8	3
10	20		2	18		1	2	17	18	20	24	20	4	5		2	5
7		3	10		4	19	20	8		18	3		3	20	10	20	
4	19	24	3	6	20	18		18	19	18	17	20	18		3		1
9		19	6	20		20	18		18	20	8		18	3	1	20	10
17	8	8	20	5	5	10	20	20	18		8	20	20		17	4	19
5		8		20	2		5	10	20	18	19	10		6	20		13
20	1	17	5	10	20	18		20	8	3	4		1	3	10	17	3
	19		19	10		3	4		20	10		6	2	4	20		4
21	2	24	24	20	8		2	8	5	17	24	20		18		11	20

1 P	2 U	3 A	4 N	5 T	6	7	8	9	10	11	12	13
14	15	16	17	18	19	20	21	22	23	24	25	26

MOTS CROISÉS N° 4

16	24	4	1 T	7	24	9	19	█	1	7	24	8	1	19	8	8	19
19	3	█	O	█	22	2	15	5	19	19	█	4	24	7	19	█	25
1	2	3	3 N	19	█	15	█	4	8	21	19	7	25	19	█	2	7
2	12	█	4 A	█	24	1	19	26	█	5	█	16	19	█	1	15	19
3	15	5	5 L	19	█	24	█	21	2	19	5	19	█	12	7	4	3
4	5	19	█	7	4	11	15	19	1	1	19	█	21	5	4	1	19
1	19	█	4	25	█	15	3	█	19	█	8	4	5	2	21	19	7
24	█	7	15	█	5	19	█	16	█	23	█	3	2	15	19	8	█
2	8	19	█	22	4	█	9	19	23	15	19	█	1	█	6	█	12
3	█	4	15	█	8	21	4	12	24	19	15	18	█	21	19	15	7
█	4	25	7	19	8	8	24	2	3	█	7	█	19	5	█	8	4
20	2	24	3	1	2	10	19	7	█	3	19	24	25	19	7	█	13
█	15	7	19	19	█	12	█	19	26	15	█	5	2	24	█	24	5
15	1	█	8	█	12	14	4	7	24	8	26	19	█	3	19	1	█
3	█	17	█	12	7	2	12	█	19	█	24	█	26	19	1	4	5
1	7	2	21	█	4	8	19	21	1	24	8	19	19	█	4	5	19
19	█	5	█	4	3	19	█	4	1	5	4	8	█	15	3	24	█
5	24	4	8	8	19	█	1	7	19	8	█	1	15	█	25	19	5

1 T	2 O	3 N	4 A	5 L	6	7	8	9	10	11	12	13
14	15	16	17	18	19	20	21	22	23	24	25	26

MOTS CROISÉS N° 5

C1	C2	C3	C4	C5	C6	C7	C8	C9	C10	C11	C12	C13	C14	C15	C16	C17	C18
24	1	4	17	5	10	26	26	4	18	■	22	10	26	10	4	17	2
25	2	■	12	21	■	10	4	1	2	26	26	2	■	23	■	2	26
10	3	10	4	17	2	17	■	4	22	■	12	1	2	4	26	26	2
18	12	4	15	■	5	■	10	17	17	21	1	10	18	24	2	■	13
24	21	1	10	5	2	26	26	2	■	18	4	■	22	10	■	23	2
2	17	■	18	10	■	4	26	2	17	■	26	12	21	26	12	21	■
■	17	10	5	4	18	2	2	■	12	16	2	19	4	2	18	24	2
9	2	5	2	2	■	18	2	14	26	4	14	2	2	17	■	12	1
10	■	1	■	17	10	■	17	12	21	19	2	■	17	■	21	17	2
1	4	2	18	■	13	10	■	2	5	2	■	20	■	10	18	4	17
19	■	17	2	15	2	■	10	26	4	5	2	2	17	■	2	5	■
4	26	■	8	■	24	10	24	10	12	■	21	1	2	2	■	2	17
18	10	5	5	2	■	16	2	18	18	2	■	23	21	5	2	■	10
■	19	21	12	■	22	10	1	19	■	18	12	2	26	■	26	10	■
6	■	2	18	5	4	5	2	■	10	■	21	17	■	10	21	14	2
12	19	2	■	21	■	5	■	21	18	17	■	17	11	18	19	4	24
18	2	■	13	10	4	1	12	18	■	2	5	2	■	24	2	■	1
4	■	26	2	■	1 (R)	2 (E)	3 (P)	4 (I)	5 (T)	■	21	■	16	1	2	13	2
2	13	2	18	5	10	■	5	2	4	18	5	21	1	2	■	21	5
1	21	17	5	4	7	21	2	■	24	12	21	5	21	1	2	■	2

1	2	3	4	5	6	7	8	9	10	11	12	13
R	E	P	I	T								

14	15	16	17	18	19	20	21	22	23	24	25	26

MOTS MÊLÉS N°1

```
L S P I S T E E D A L A C S E E
E O A E X M E E A M A R O N A P
G M P U G O G E T R A N S A T S
E M L Q L N A N E T T O E R E E
D E O I A T P N M E A I T C R D
A T M R C A L O S L M S T A T N
C A B E I G A D I A A N E M R A
S L A H E N R N R H S E U P E H
A P L P R E M A U C S C Q I K I
C I I E O R O R O D I S A N K M
A N S L F O R E T I F A R G I A
R I A E C A N Y O N I N G N N L
R S G T E D U T I T L A E A G A
E M E I R R E M O N T E E I E Y
I E S E P L A E V E R E S T G A
S N A S I O R O C H E U S E S E
```

ALPAGE	CHALET	PISTE
ALPES	DÉGEL	RANDONNÉE
ALPINISME	ESCALADE	RAQUETTES
ALTITUDE	EVEREST	REMONTÉE
ANDES	FORÊT	ROCHEUSES
APLOMB	HIMALAYA	SIERRA
ARMOR	GLACIER	SOMMET
ASCENSION	MASSIF	TÉLÉPHÉRIQUE
BALISAGE	MONTAGNE	TERTRE
CAMPING	NEIGE	TOURISME
CANYONING	OISANS	TRANSAT
CASCADE	PANORAMA	TREKKING

MOTS MÊLÉS N°2

```
T C C I C T E G R U O C
N A Q B O I G N O N C E
U R C M R P T N A E E P
P O A O R O O R U V L E
C T H U V R C T O S E F
E T N C V A I O I N R T
R E P I N A R D L A I E
I A O A L A A C I I H R
S P N I N R H S O C J O
E A A G U R E T A T A P
S P E R S I L M E L O N
S I O P E C H E X I O N
```

AIL	COTON	OIGNON
ANANAS	COURGE	ORANGE
AVOCAT	EPINARD	PATATE
BROCOLI	FRAISE	PECHE
CAROTTE	HARICOT	PERSIL
CELERI	LAITUE	POIS
CEPE	MACHE	POIVRON
CERISE	MELON	PRUNE
CHOU	NAVET	RADIS
CITRON	NOIX	TOMATE

MOTS MÊLÉS N°3

```
S S S S A U B A G N E
E P A A M V E N C E L
L U L M I R A M A S R
R A O G E X A C O E A
A L N E G N A R O R T
T O U L O N G L R E N
N D S T N U E I E Y I
I N P E E N I L D H C
C A S S U J E R F L E
E B E L S I S S A C
```

AIX	FREJUS
APT	HYERES
ARLES	LUNEL
AUBAGNE	MIRAMAS
AUPS	NICE
AVIGNON	ORANGE
BANDOL	SALON
CANNES	SORGUES
CASSIS	TOULON
DIGNE	VENCE

MOTS MÊLÉS N°4

```
T E B   A R C E L B A S E
N S T F H O U L E R E U
E T T E S U D E M T I G
M R N M P O L D E R A L
E A A A E M A J G L B A
L N S H E R E I S A V E
E S U C P S I T R I I M
E I J N A M U R L S S U
L I T T O R A L R S T C
M A R N A G E R C E H E
V A G U E S A T E E M E
D I G U E T A L E E E A
```

ALGUE	ETALE	MASCARET
AMERRIR	HOULE	MEDUSE
BAIE	ISTHME	MER
BARRAGE	JETEE	PASSE
CRABE	JUSANT	PHARE
DIGUE	LAGON	POLDER
ECLUSE	LAISSE	SABLE
ECUME	LITTORAL	TEMPETE
ELEMENT	MAREE	VAGUES
ESTRAN	MARNAGE	VASIERE

MOTS MÊLÉS N°5

```
E E V I S S I M D N O F O R P
V S S P E V O Y A G E S U A P
N I S B E R E V E R T U E U X
O O R A C J I N F I C O N R D
I N D G O G O U P A N H I U T
S E E U U U R U D B A N A N E
A G C E T L L U R E R T M N G
C A R T E E E P E N S I O N D
C R E T R U E H C O A I D E U
O O T E V I V A C E C L R E B
```

BAGUETTE	GENOISE	PAUSE
BANANE	GENOU	PENSION
BRIDE	HEURTER	PROFOND
BUDGET	JOURNAL	SAOUL
COEUR	MARCHAND	SEDUIRE
COSTAUD	MISSIVE	STIPULER
DECRET	NAVIGUER	VERTUEUX
DESIR	NOCIF	VIRGULE
DOMAINE	OCCASION	VIVACE
ECOUTER	ORAGE	VOYAGE

MOTS MÊLÉS N°6

```
R M E U G A L B R D U D R O T
U E F L E G I E N I U Q A T N
E T N O L O V M P V L N J O I
I O C O E E U F C I O I U N P
K T B H I R I A O S H S G O A
S A T L M T D B S E B C E I S
L Y L U I E S E T R L O R T A
M O R D A N T E A O A T V A V
N E D U M E S Q U I N O I T O
N A R E R O C E D Q C N V S N
```

ADDITIF	GLOBAL	SAVON
ARCHIPEL	JUGER	SKIEUR
BIELLE	MESQUIN	STATION
BLAGUE	MORDANT	TAQUIN
BLANC	MURMURE	TESSON
CADEAU	MYTHE	TOCSIN
COSTAUD	NEIGE	TORDU
COTON	QUESTION	TOTEM
DECORER	REVEILLON	VIVRE
DIVISER	SAPIN	VOLONTE

MOTS MÊLÉS N°7

```
A B D O M E N M O E X P I B I
R I O T I B U S E E G E B O T
S U N I M R E T D R R P I N E
U A N F O R A N I M A L L U M
B M I F A P I N V C T U A S C
I U T M E R C M E D I M C U R
N T A U H O C U O C S F R M U
M A L D G S B T M J S S E O M
O M L N N P N A U A U D D D E
A I I E V E T O V S N N O U F
N T V R M C G I P A E N I L A
O L U E M T D A T A L E A O E
S U M F S U L A M S A I L A R
T I C E F S I T A S T I B I A
T M I R E T N I M U M I X A M
```

<table>
<tr><td>ABDOMEN</td><td>GRATIS</td><td>OMNIBUS</td></tr>
<tr><td>AGENDA</td><td>IDEM</td><td>PEPLUM</td></tr>
<tr><td>ALEA</td><td>INCOGNITO</td><td>PROSPECTUS</td></tr>
<tr><td>ALIAS</td><td>INDEX</td><td>REFERENDUM</td></tr>
<tr><td>ALIBI</td><td>INFARCTUS</td><td>SATISFECIT</td></tr>
<tr><td>ALINEA</td><td>INTERIM</td><td>SCENARIO</td></tr>
<tr><td>ANIMAL</td><td>ITEM</td><td>SUBITO</td></tr>
<tr><td>BONUS</td><td>JUNIOR</td><td>TANDEM</td></tr>
<tr><td>CREDO</td><td>LAPSUS</td><td>TERMINUS</td></tr>
<tr><td>CURSUS</td><td>LATIN</td><td>TIBIA</td></tr>
<tr><td>DEFICIT</td><td>LAVABO</td><td>ULTIMATUM</td></tr>
<tr><td>DIVA</td><td>MALUS</td><td>VETO</td></tr>
<tr><td>FEMUR</td><td>MAXIMÛM</td><td>VIDEO</td></tr>
<tr><td>FORUM</td><td>MEMENTO</td><td>VILLA</td></tr>
<tr><td></td><td>MODULO</td><td></td></tr>
</table>

MOTS MÊLÉS N°8

```
S O J A K O D U J H O N S H U
S T O F U A P A C I F I Q U E
E U S R U E R E P M E A M F O
L I D U E J Z A L U P F A E Y
I E G O M A S I O L I E N Z K
R K P R K O O D A K I M G N O
U I M I R U S T E Z E U A O T
O S M G H U A B S P N R O B S
K A K A H C A E M G F A I N E
K M Y M N N R A I U E I B U I
O O O I A U T A T A M I A G S
S U T O L S S O I H S U S O M
A R O L E N N T M U K I A H E
K A A A O D I A K K O H W S A
A I E B O K A M I H S O R I H
```

ALLURE	HOKKAIDO	OSAKA
ARCHIPEL	IKEBANA	PACIFIQUE
BANZAI	JEUDI	SAMOURAI
BONSAI	JUDOKA	SEISME
BONZE	KAMIKAZE	SHOGUN
CATALPA	KARAOKE	SOJA
EMPEREUR	KOBE	SUDOKU
ESTAMPE	KOURILES	SUMO
FEMUR	KYOTO	SURIMI
FUTON	LOTUS	SUSHI
GEISHA	MANGA	TATAMI
GOMASIO	MIKADO	TOFU
HAIKU	NOUILLE	TOKYO
HIROSHIMA	ORIGAMI	TSUNAMI
HONSHU		WASABI

MOTS MÊLÉS N°9

```
S E L A T E P B E N J O I N E
I P D H E R B E V L A T N A S
I L A N Y F E E U Q S U M H U
V L O R A G R U M E M L E U F
E A U R F V G A A N I U T I F
T T N O E U A N G D N C T L I
I G N I H N M L I R A C E E D
V S N A L C O S O R A Y V N L
E E A B N L T C D F A N I I A
R N M S L I E A L G L M C S R
E T B O L A M O P N O U O E O
G E R L C O L O G N E M I R L
U U E U M R U E D O I G M D F
O R I E N T A L A M B I C E E
F R A I S N E C N E C O R C E
```

ABSOLUE	ECORCE	NEROLI
AGRUME	ENCENS	ODEUR
ALAMBIC	FLORAL	OLFACTIF
AMBRE	FLUIDE	ORIENTAL
BENJOIN	FOUGERE	PARFUM
BERGAMOTE	FRAGRANCE	PATCHOULI
CARDAMOME	FRAIS	PETALES
CEDRE	GOMME	RESINE
CIVETTE	HERBE	ROMARIN
COLOGNE	HUILE	SANTAL
CORNUE	JASMIN	SENTEUR
DIFFUSE	LAVANDE	VANILLE
DISTILLER	MIMOSA	VERVEINE
DOMINANTE	MUSQUE	VETIVER

MOTS MÊLÉS N°10

```
D A J T T R O N C H L S
E P L O M B O U R S E U
V E E A U B E R G E E R
O N A Q N R A E N L C I
I I L O U E N D B O A M
R B B T E I O A G V N I
I M U T R L P C L E A C
E O M A O E G E H N R H
B C M R E T S U G E D E
O O I F L A M M E B R M
R E S S A R C I N V O I
T I M B R E F U S E A N
```

ALBUM	CANARD	JOURNAL
ATELIER	CHEMIN	OBEIR
AUBERGE	CHERI	OVNI
AVEUGLE	COMBINE	PLOMB
BADGE	CRASSE	REFUS
BENEVOLE	DEGUSTER	ROMARIN
BLEU	DEVOIR	SURIMI
BONBON	ENDOLORI	TIMBRE
BOURSE	EQUIPE	TRONC
BOUTURE	FLAMME	

MOTS MÊLÉS N°11

```
H I L O E L A V R E S V I S G
S I M A U L I P A K O E A C A
N I P P C I E L L I R O G O Z
N E N P A A S P C E E D S R E
E A U G O L H T H L C D L P L
P E M Q E P A C I A O N O I L
E E B I A M O D M T N L U O E
F R R B A C O T P R I T G N C
A B E R A C A R A T H R H R E
R O I H O B O M N M R A I U N
I N P R T Q O A Z H E Q R K N
G O C S S N U U E Y U U A O E
R B C O B R A E I E O E F A F
U O Z E B R E P T N A M A L F
E E R A U G A J G E U S S A M
```

ANTILOPE	GAZELLE	OUISTITI
ARA	GIRAFE	PANTHERE
BABOUIN	GNOU	PERROQUET
BONOBO	GORILLE	PHACOCHERE
CAIMAN	GRUE	RHINOCEROS
CHACAL	HIPPOPOTAME	SAFARI
CHIMPANZE	HYENE	SCORPION
COBRA	IMPALA	SERVAL
CRIQUET	JAGUAR	SINGE
CROCODILE	KOALA	SLOUGHI
ELEPHANT	LION	TAMARIN
FENNEC	MACAQUE	TRAQUE
FLAMANT	MASSUE	ZEBRE
	OKAPI	

MOTS MÊLÉS N°12

```
S A P   I N N E I G E P E
A A M E L A S U R E J N
N D R E V E I L L O N N
T P I E B R A B X I C E
O R N N L B R B U R T R
N T A A D M F U E T L E
E E N I M E H C O L C T
S D B H N C H H V L O E
E T O I L E T E U O J F
C U U A E D A C H A N T
X T L E N I T U L E O N
E M E S S E G A M O U R
```

AMOUR	DINDE	MAGES
AVENT	ETOILE	MESSE
BARBE	EXCES	NEIGE
BOULE	FETE	NOEL
BUCHE	FRAIS	RENNE
CADEAU	GUIRLANDE	REVEILLON
CHANT	HOTTE	SANTON
CHEMINEE	HOUX	SAPIN
CLOCHE	JERUSALEM	TRAINEAU
CRECHE	JOUET	VOEUX
DECEMBRE	LUTIN	

MOTS MÊLÉS N°13

```
M C O N S O M S O C S T
S A M E R C U R E S O U
G T R E U E T E N A L P
A P E S A N T E U R E M
L N H T A O I I T O I O
A U G A I T S V P S L C
X F N L S L U U E U L O
I U E E E E L R N R J M
E S U E L U B E N E S E
L E A N A V E T T E V T
M E T E O R E S P A C E
T I E R E I T A M O S N
```

ANGLE	JUPITER	PHASE
APESANTEUR	LUNE	PLANETE
COMETE	MARS	SAROS
COMPUT	MATIERE	SATELLITE
COSMOS	MERCURE	SATURNE
ESPACE	METEORE	SOLEIL
ETOILE	NAVETTE	UNIVERS
FUSEE	NEBULEUSE	VENUS
GALAXIE	NEPTUNE	

MOTS MÊLÉS N°14

```
V E V E R A N D A M E H C S X
V E N A L U U A E S I B S D E
A E R I F B O E I P O C M M D
C I V R E R I B L I O A U O N
C I L P U V A C M R G S I M I
C O T E O E N I B A C C P I A
M C U A R R N U S L T A E E T
E A M P D O T I E E T D B R E
G R R U O E N I M H O E E I G
A U B M I L L I O N L R T F A
R E E A I D E L C N U E O R P
A T P I S T O L E T O I N I L
G O U L A G E P H U G V A C A
E M E V I V N O C O C I I H C
L E S E I D O L E M X V P E E
```

AILERON	FRAISE	PIANO
ALPAGE	FRICHE	PISTOLET
BETON	GARAGE	PLACE
BISEAU	GOULAG	PODIUM
CABINE	GOULOT	PORTION
CASCADE	GREC	SABRE
CIBLE	INDEX	SCHEMA
CITADELLE	MAGASIN	SCORBUT
CIVIL	MARMITE	SPIRALE
COCON	MELODIE	TAMBOUR
CONVIVE	MILLION	VEINE
COPIE	MINEUR	VENAL
COUPOLE	MOMIE	VERANDA
DIESEL	MOTEUR	VERRUE
ECHEC	MUSCLE	VIVIER
ETAIN	PATHOLOGIE	

MOTS MÊLÉS N°15

```
R A E N I E R F F O C R  I C N
I I E S E I G U O B O R  S A O
O R M O T E U R M O U U  U R X
V B U U T E R E I T R O  P T A
R A F P T E N I N A R B  E N L
E G N A D I V J D P O M  R A K
S U S P E N S I O N I A  U L F
E I R E T T A B R L E T  T O I
R S S A U T O R A D I O  N V L
D C T S E S S R U E R V  I L T
N A A U A I E C O M P T  E U R
A P R R M H E L A D E P  C U E
L O T R T E C N E S S E  A L R
A T E U R E L E S E I D  O R S
C P R P H A R E P I S T  O N T
```

AIRBAG	ENJOLIVEUR	RADIATEUR
AUTORADIO	ESSENCE	RESERVOIR
BATTERIE	FILTRE	RIVET
BOUGIE	FREIN	SOUPAPE
CALANDRE	FUMEE	STARTER
CAPOT	KLAXON	SUPER
CARTER	LIVREUR	SUSPENSION
CEINTURE	MOTEUR	TAMBOUR
CHASSIS	PEDALE	TOLE
COFFRE	PERMIS	TRAPPE
COMPTEUR	PHARE	VIDANGE
COURROIE	PISTON	VITESSE
CRIC	PNEU	VOLANT
DIESEL	PORTIERE	

MOTS MÊLÉS N°16

```
N I X E S A G E P D J I N N C
I G E L L I U O G R A G R G M
L O R R H E R T S N O M O E C
E E U I U Y R E N I S U L E M
B F A R F A D E T A L O R K Q
O L T E L F T R I E G B O G Z
G E N R N O O O E C E R G O O
U E E M O R U N N R R I A R M
P T C Y C L O P E I E O A G B
S P H I N X L C G R M I S O I
Y D R A C U L A I S I R E N E
C N E M O T N A F L H P I E Y
H O B B I T N A E G C A M E E
E N I D N O G A R D N A T A S
A G A N Y M P H E R V I U O V
```

CENTAURE	GORGONE	NYMPHE
CERBERE	GOULE	OGRE
CHIMERE	GRIFFON	ONDINE
CYCLOPE	HOBBIT	PEGASE
DJINN	HYDRE	PSYCHE
DRACULA	KORRIGAN	SATAN
DRAGON	LICORNE	SIRENE
ELFE	LOUP	SORCIERE
FANTOME	MELUSINE	SPHINX
FARFADET	MINOTAURE	TROLL
GARGANTUA	MONSTRE	VAMPIRE
GARGOUILLE	NAGA	VOUIVRE
GEANT	NAIN	YETI
GOBELIN	NIXE	ZOMBIE
GOLEM		

MOTS MÊLÉS N°17

```
A G U O B M A B A S A L T E B
S A B L E P O U T R E O N P E
C U E V I L O S H Z Q D L R T
R C S C O R D E A U U A C N O
E H I P I E R R E I T R O M N
P E H C I I D I T R U E L L E
I V C T S E E A E D G I O I E
R R R S G U H C L I I V M N S
T O O A Q G T L D L E A B T I
J N T I R A B A G U A R A E O
O E R A L U B C L T E G G A D
I B N O C A M T A I L L E U R
N I C H M O E L L O N C I N A
T H E T P L A F O N D G E U T
E R B R A M N O R C I M E N T
```

AGENT	DILUTION	MOELLON
ARDOISE	ENDUIT	MORTIER
BADIGEON	ETAGE	ORTIE
BAMBOU	GABARIT	PIERRE
BASALTE	GAUCHE	PLAFOND
BETON	GRANIT	PLATRE
BRIQUE	GRAVIER	POUTRE
BUCHE	HERISSON	SABLE
CALCAIRE	JOINT	SOLIVE
CHEVRON	LEZARDE	TAILLEUR
CIMENT	LINGE	TALOCHE
COLOMBAGE	LINTEAU	TOQUE
CORDEAU	MACON	TORCHIS
CREPIR	MARBRE	TRUELLE
DALLAGE	MICRON	TUILE

MOTS MÊLÉS N°18

```
O W G O O Q T E R C E S P E G B
N E I O G U E T S E V O L R H
C S P N G A I E N O R T U Y S
L O S O K A R D L A M I A F E
E R I S U Y R D D C T O S F R
R C R U I V E A H I D N F O P
O I I M E M A O Z R T I O N E
D E U E O U I N A K R C N D N
E R S R D X G L T G A O H O T
L P T L P E D O O A A B C R A
B G O E R U A P R N R R A E R
M M A T O G P Y B B O D O N D
U U E P T I M A R A U D E U R
D R O N H E R C R O U T A R D
D I R G A H R S U G A M I N A
```

ANIMAGUS	GAROU	ROGUE
ARAGOG	GRYFFONDOR	RON
AZKABAN	HAGRID	SAULE
BRUIT	HIPPOGRIFFE	SECRET
CHOIXPEAU	MARAUDEUR	SERPENTARD
CROUTARD	MOLDU	SIRIUS
DECOR	ONCLE	SORCIER
DOBBY	POTION	TANTE
DRAGO	POTTER	VESTE
DUMBLEDORE	POUDLARD	VOLDEMORT
EPOUVANTARD	QUIDDITCH	WINKY
	REMUS	

MOTS MÊLÉS N°19

```
E M L A B O C C A N N E S S A R G L
T A C L I M A T N O S I A M L A M P
T R N A U J E F L O G V I L L A S L
E T I R E U G R A M E T N I A S A A
S I P R O V E N C E E S T E R E L G
I N B P I N S I B A C I H C A B E E
O E S U O V T N L A N M O U G I N S
R Z E T S S I O I E I T N U I T G S
C L N E E E S E E R D E O E M N A E
E E G J H I V E R D E N R U C A I P
M N A F E S T I V A L L A U R I S L
A M C A R L T O N V E N T M O R N A
```

ALPES	GOLFEJUAN	NICE
ANGES	GRASSE	NUIT
ANTIBES	HIVER	PLAGE
BAIE	ISOLA	PROVENCE
CAGNES	LABOCCA	RIVIERA
CANNES	LERINS	SAINTEMARGUERITE
CARLTON	MAJESTIC	SAINTHONORAT
CHIC	MALMAISON	SIAGNE
CLIMAT	MANDELIEU	TINEE
CROISETTE	MARTINEZ	VALLAURIS
ESTEREL	MENTON	VENT
FESTIVAL	MERCANTOUR	VESUBIE
	MOUGINS	VILLAS

MOTS MÊLÉS N°20

```
T S A C D O P I X E L I O T E
M E M O T I C O N E T C H A T
O B A N D E A U T S M I L E Y
A O P N U M M O C O C T E T C
R N S E R E T S A M B E W A E
N U T X R L E E H A C K E R R
A S E I K O O C N O P A C I T
Q U Q O V G S U U A O V R P I
U U A N R I U R R R A A L F
E F P E D C R E E O T T N U I
L O R R S I F U E B A A N G C
G R E A E E E C S A B R H I A
O U S L U L R A D S L E R N T
O M S M O D E M C E E M A I L
G V E I L L E R B I F I W H E
```

ADSL	EMOTICONE	PIXEL
ANTIVIRUS	ETOILE	PLUGIN
ARNAQUE	FIBRE	PODCAST
AROBASE	FORUM	PORTABLE
AVATAR	FRAUDE	PRESSE
BANDEAU	GOOGLE	RESEAU
BONUS	HACKER	SMILEY
CERTIFICAT	INTRANET	SPAM
COMMUN	LOGICIEL	SURFER
CONNEXION	MODEM	TCHAT
COOKIE	NUMERIQUE	VEILLE
COURRIEL	OCTET	WEBMASTER
ECRAN	PAREFEU	WIFI
EMAIL	PIRATE	

LABYRINTHE 1

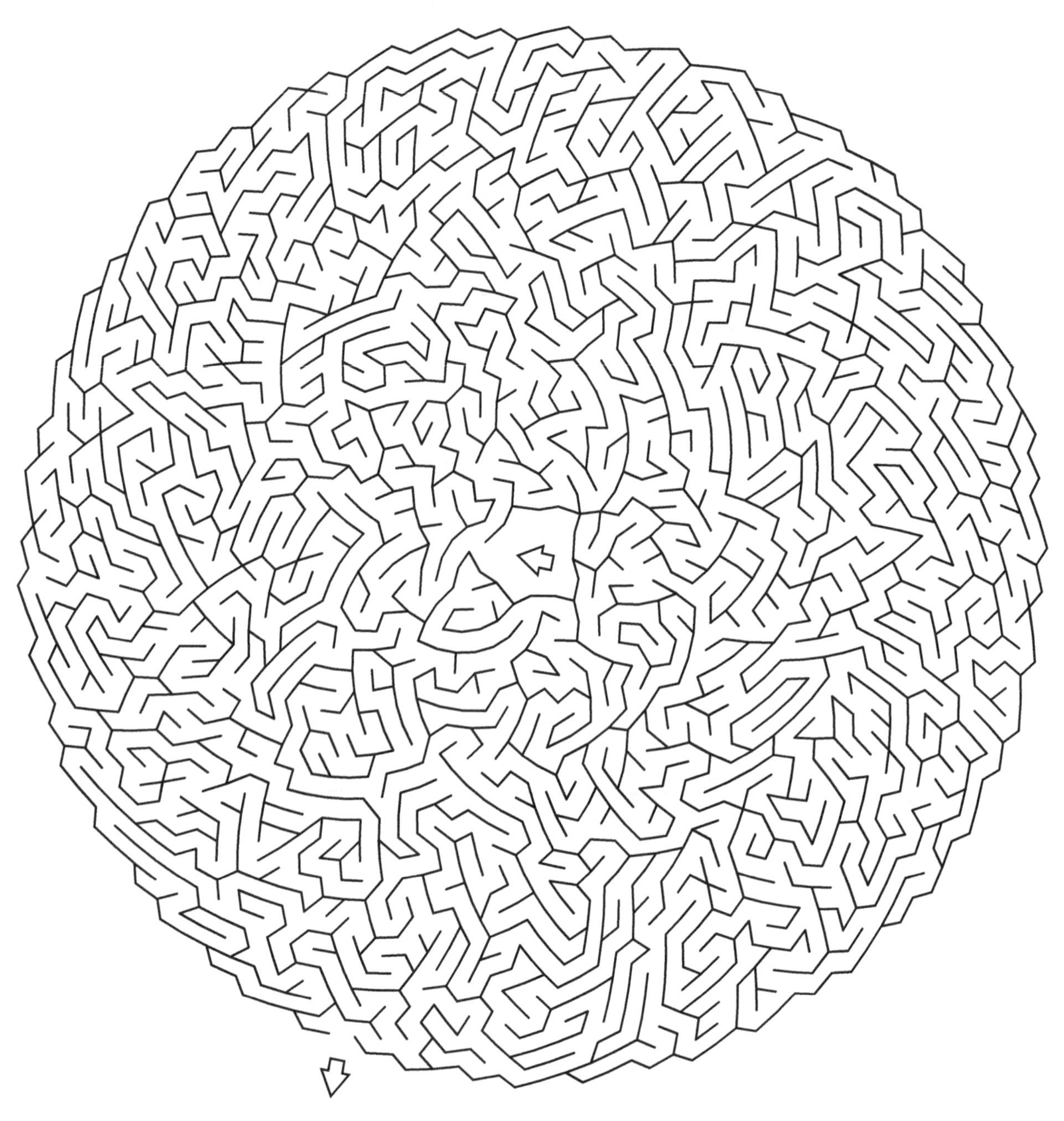

LABYRINTHE 2

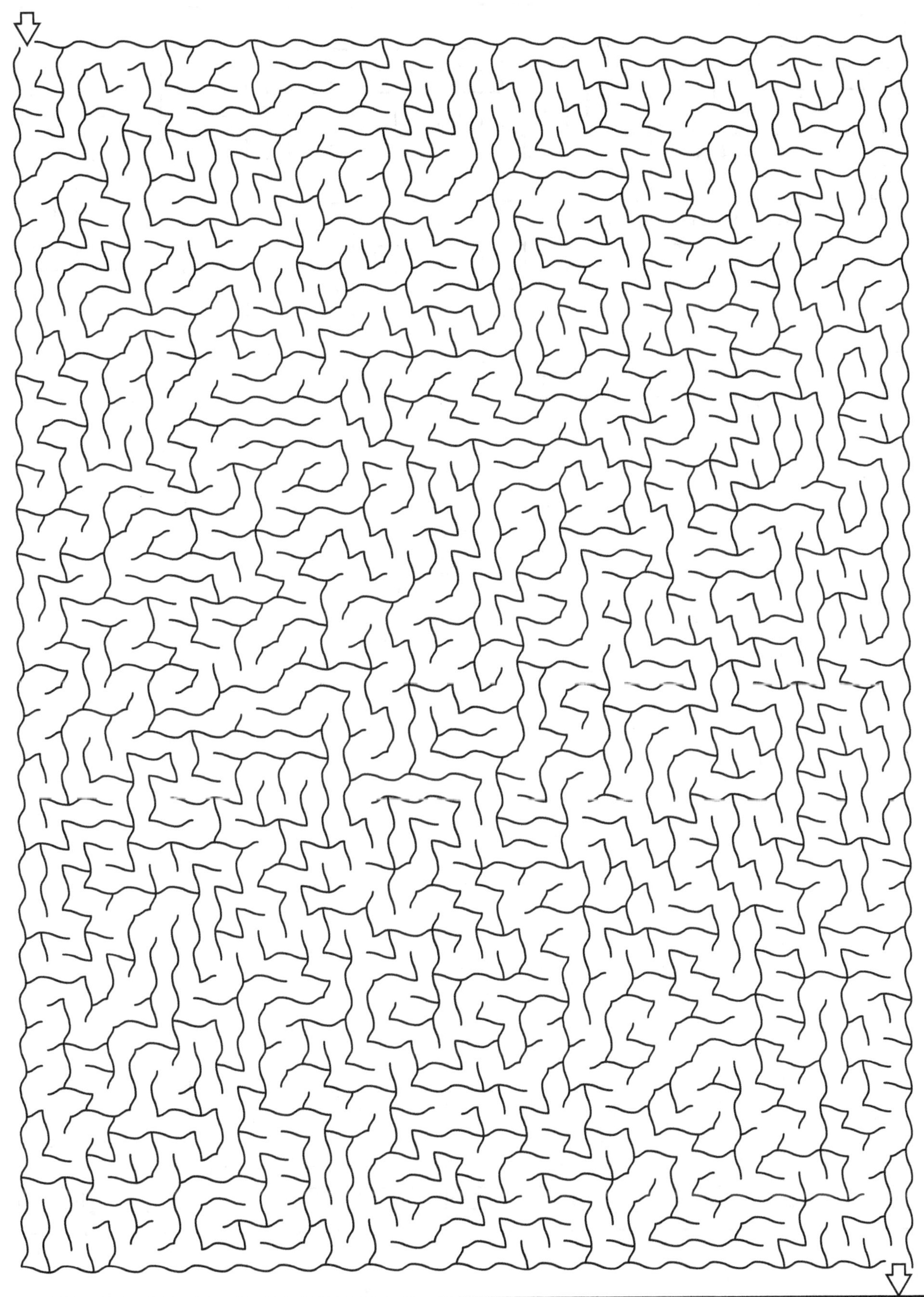

LABYRINTHE 3

LABYRINTHE 4

LABYRINTHE 5

LABYRINTHE 6

LABYRINTHE 7

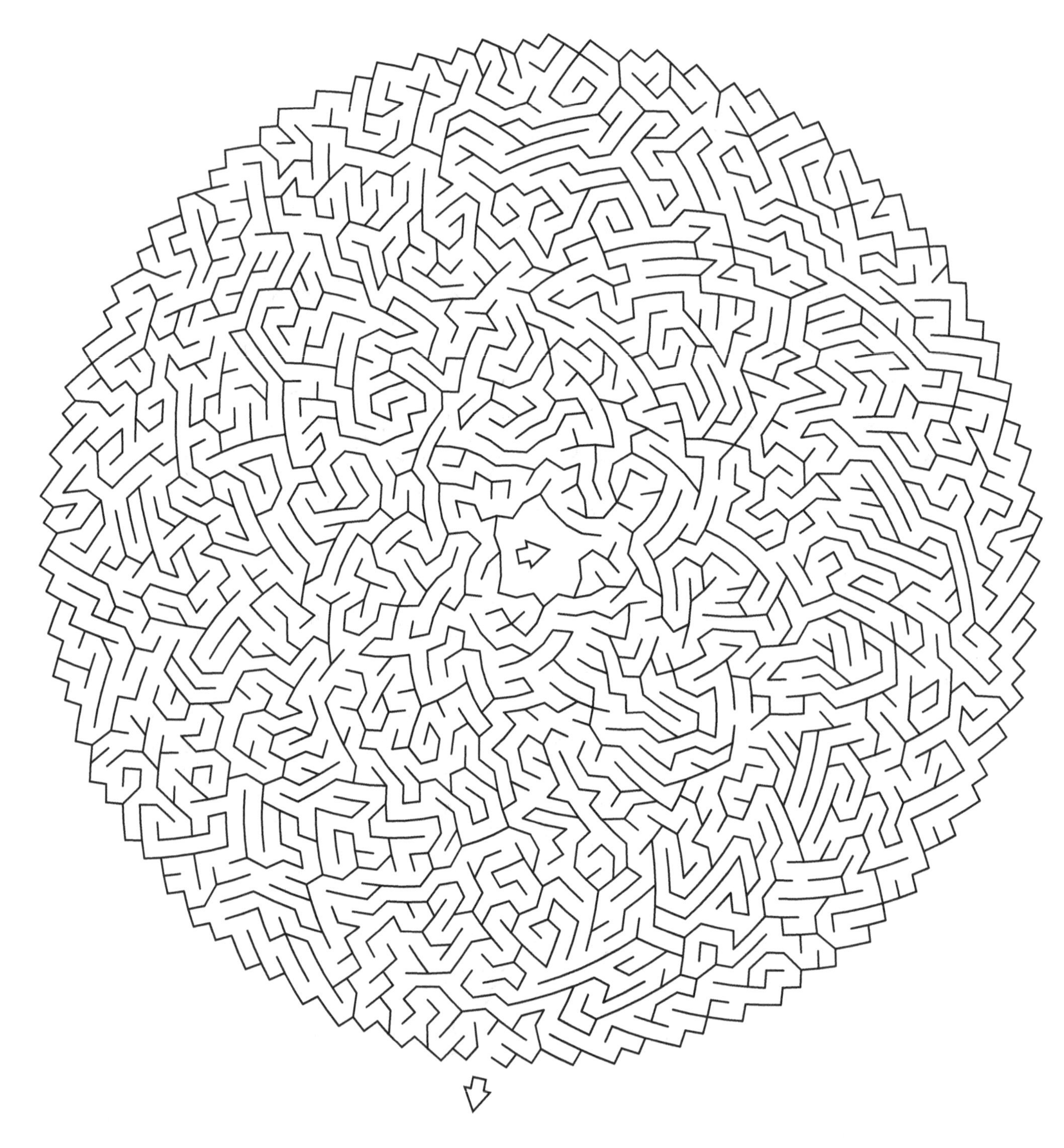

LABYRINTHE 8

LABYRINTHE 9

LABYRINTHE 10

LABYRINTHE 11

LABYRINTHE 12

LABYRINTHE 13

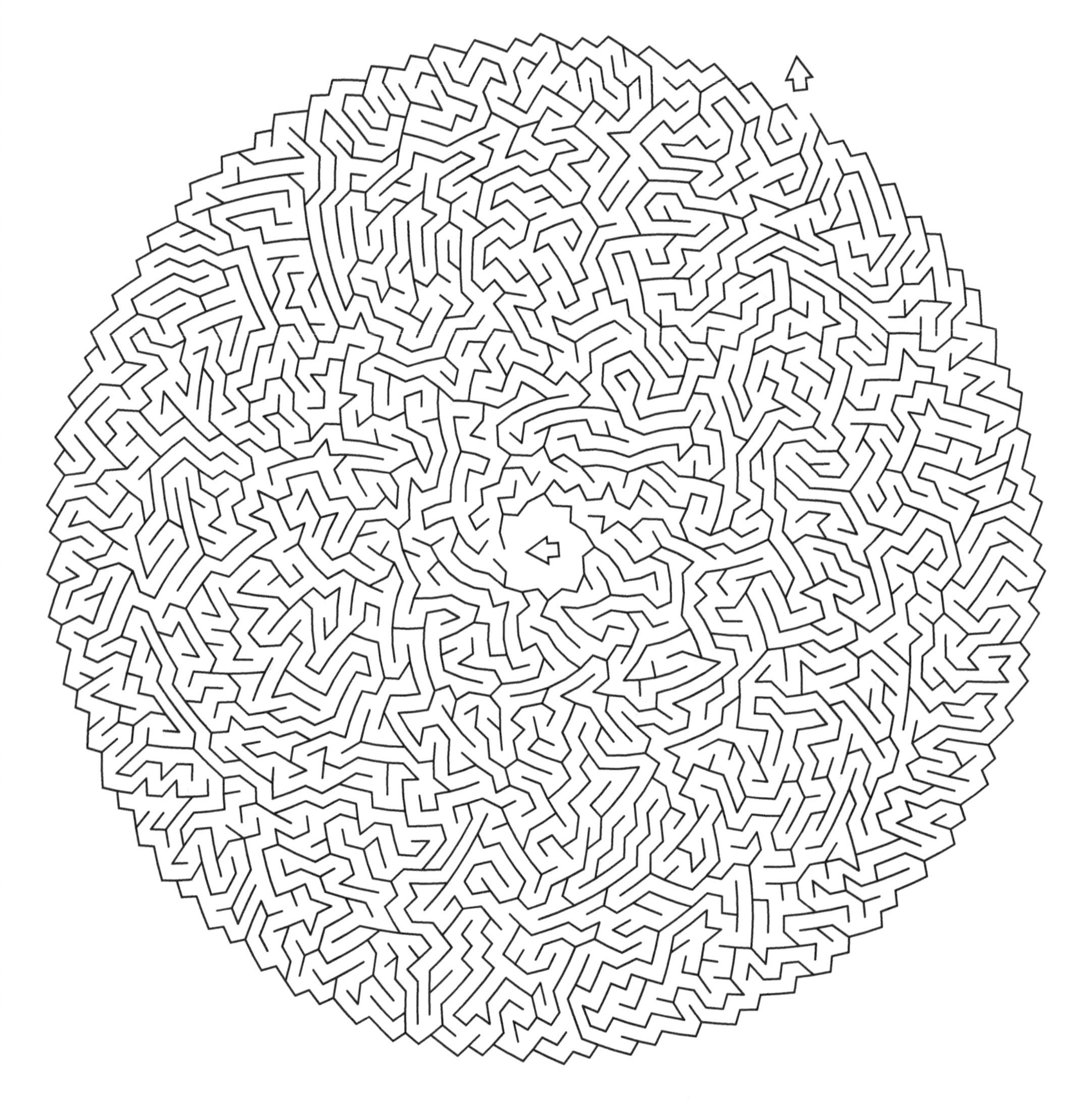

LABYRINTHE 14

LABYRINTHE 15

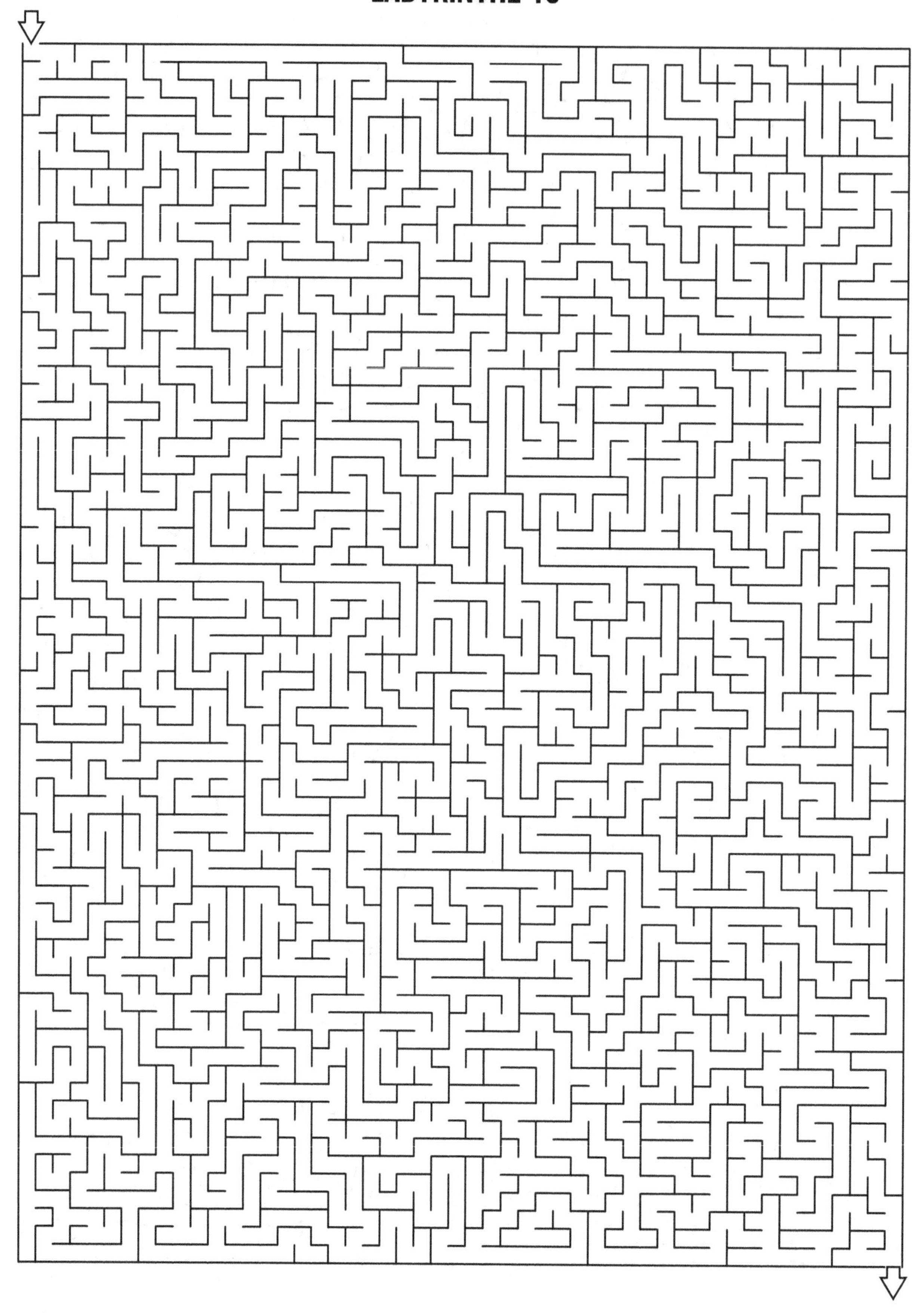

LABYRINTHE 16

LABYRINTHE 17

LABYRINTHE 18

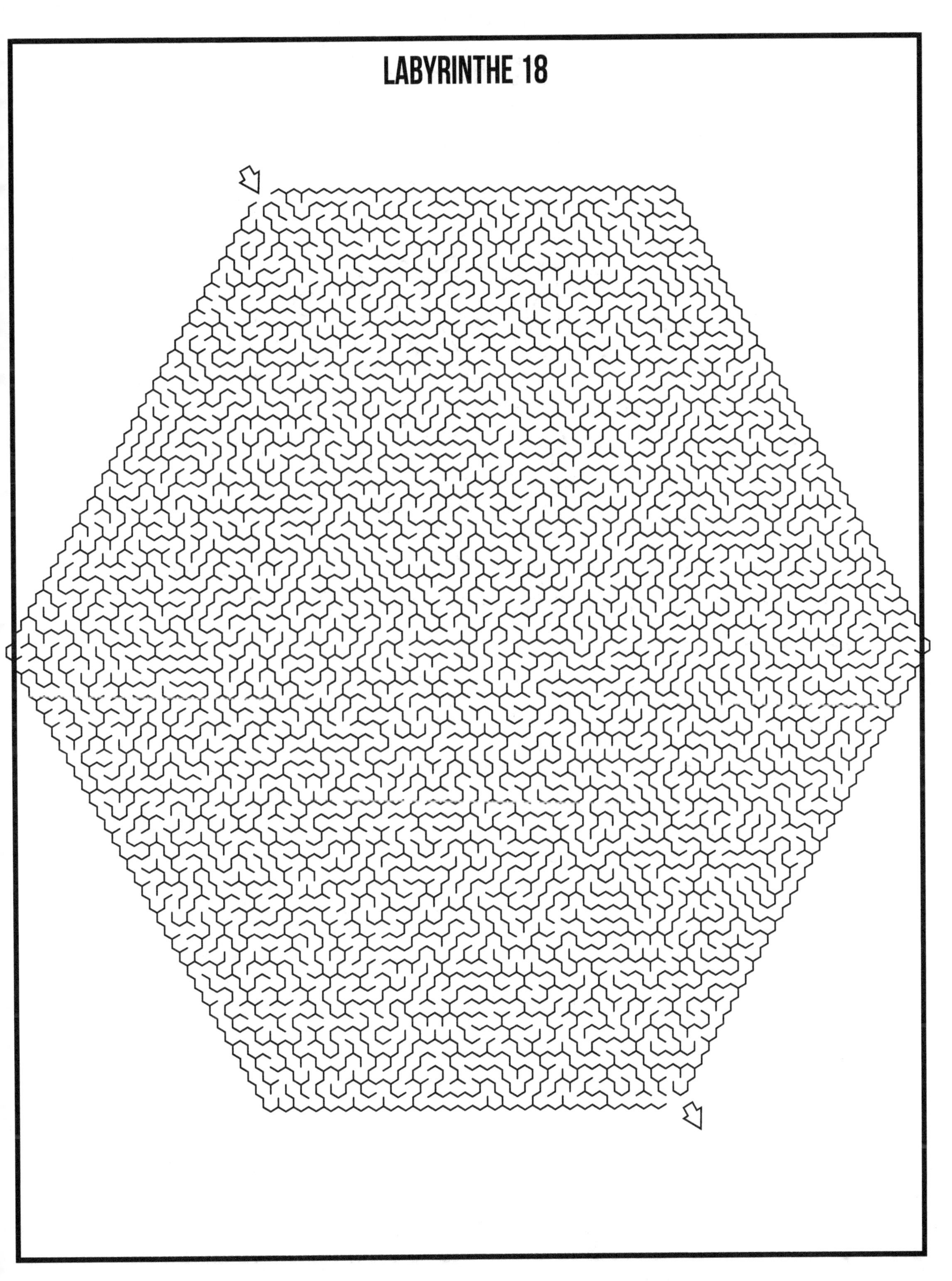

LABYRINTHE 19

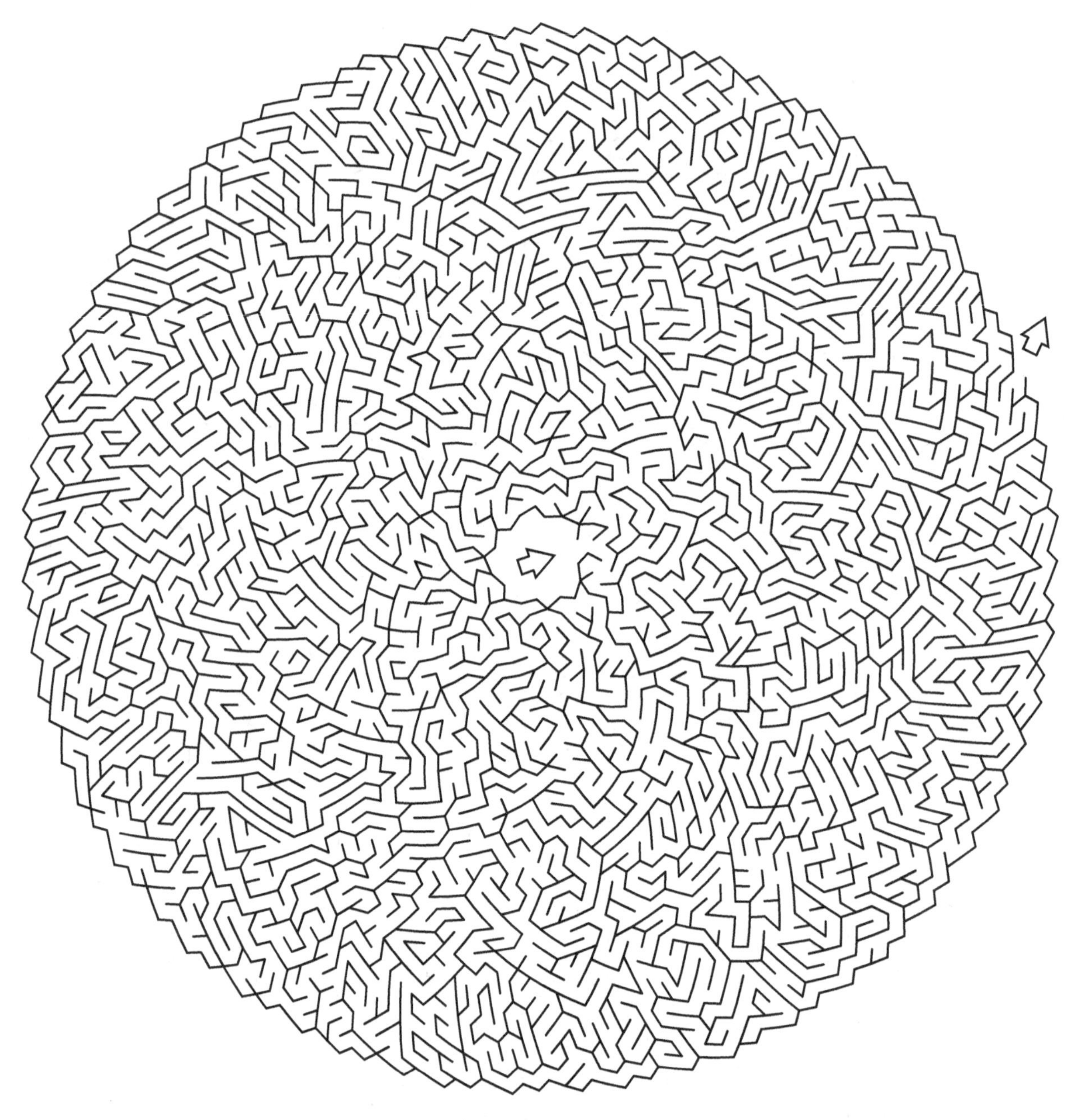

LABYRINTHE 20

SUDOKU 9*9 INTERMÉDIAIRE

PUZZLE #1

	6			5		3		
	7		1	6		9		
5			9					2
7		6			2		5	
		8	1		9	6		
	2		3			4		8
2					4			7
	8		7	9			3	
		7		2			4	

PUZZLE #2

		7	6			1	2	4
	1					6		
3				1				9
9	4			2			7	
		4		8				
	8			3			6	5
7				4				6
	4						1	
8	3	9				1	7	

PUZZLE #3

2			7					
3				1				2
			8		5	6		
7	8					9	3	
1	3			9			8	7
	5	9					1	6
		7	6		3			
5				4				1
				2				5

PUZZLE #4

3			1				5	
9	2			8				
		5	6			2	8	4
						9	5	2
	9						7	
	1	3	8					
	3	1	9			7	4	
			4				9	2
	8				1			5

SUDOKU 9*9 INTERMÉDIAIRE

PUZZLE #5

	1	3					8	6
		4			5		3	
		5		1	8			
				8	4			7
	4	8				3	2	
9			1	3				
			8	4		7		
	8		7			4		
4	5					2	1	

PUZZLE #6

4				1				9
		8		6	3	1	2	
		9			5		6	
				5	9	2		
2								7
		1	7	8				
	1		5			6		
	4	5	1	9		8		
6				7				5

PUZZLE #7

	5	7						
8					5			3
		4		6	7		5	8
6	2				4			7
		8				3		
4			3				2	9
1	3		2	4		7		
2			1					5
						4	1	

PUZZLE #8

2			1		9			
					7	6		
		6		5		4		
8	6					1	4	
	9	4		8		2	3	
	3	2					9	8
		9		4		7		
		7	2					
			3		6			1

SUDOKU 9*9 INTERMÉDIAIRE

PUZZLE #9

6	9		7			2		
		4	2			6	3	9
						5		4
	4	2		1		3		
7								6
		6		5		9	4	
3		7						
9	1	8			6	4		
		5			8		6	1

PUZZLE #10

		6		9	8			
		3			6			1
9		1					5	8
			8	3			7	
3		8				1		2
	4		9	1				
6	3					2		9
8			7			3		
			8	3		7		

PUZZLE #11

			8		7		2	
		3					1	
2	8	4				7		
4					8	6		
		7	5		2	1		
		8	9					5
		5				2	8	7
	3					5		
	4		7		9			

PUZZLE #12

5				9				3
		9					6	
	2		6			7	9	8
3		8		7		2		
			8		1			
		1		5		6		4
1	3	5			9		2	
	8					9		
2				8				6

SUDOKU 9*9 INTERMÉDIAIRE

PUZZLE #13

					7	2		
			1	6	8			
6	3		2	9				8
	2	1				4		
9				7				5
		8				6	3	
3				2	4		8	9
			6	1	9			
		4	7					

PUZZLE #14

8						3		7
	3	2	8					
		5		3		2		1
			1		2		9	
		1				7		
	2		3		6			
2		8		9		5		
					4	1	7	
3		4						9

PUZZLE #15

	8		2	3				6
5				1				
9					7		1	2
		4	5					9
	9						7	
2					9	3		
8	2		3					4
				9				8
7				4	5		2	

PUZZLE #16

5		2		9	3			
					7		2	9
6	9				8			
	3	8						
	2	6				5	3	
						9	6	
			9				4	3
2	1		7					
			3	5		6		1

SUDOKU 9*9 INTERMÉDIAIRE

PUZZLE #17

		2	7					
5			8			3	4	
8	6		9		5			2
			5			9	3	
4	7						2	8
	2	9			8			
2			3		7		5	6
	5	1			4			3
					1	4		

PUZZLE #18

	1		2					
3			4	9				5
5		8				3		
			9		2		6	1
		6		3		4		
7	8		1		6			
		5				1		8
2				1	4			3
				5			2	

PUZZLE #19

	7	8					1	4
			2	8				6
	2		6					8
		5	1	9				
2	8						4	9
				2	8	6		
8					7		9	
7				1	2			
9	1					3	2	

PUZZLE #20

			2	9	4			
		5	7					
8			1	5			3	4
		3				2	8	
4			7					6
	1	9				5		
2	8		1	4				3
					7	1		
			9	2	3			

SUDOKU 9*9 FACILE

PUZZLE #1

	8		9		4	6		
6					3			
9		3		5			8	1
				3	8	4	1	
3	1						6	5
	5	2	1	4				
5	6			2		9		4
			4					6
		1	7		9		5	

PUZZLE #2

		9				6	3	
	4		5	8		9	2	1
	1	3	7					
4		8	6	2				
	3		1		8		6	
				3	4	2		8
					1	5	7	
8	7	5		4	9		1	
	9	6				4		

PUZZLE #3

		6	5					
	1					2	5	3
	4		9	3			8	
1	8		7			9		
6	5		1		9		7	2
		2			8		6	4
	9			8	5		1	
5	6	8					2	
					7	5		

PUZZLE #4

8					5	2		6
			9	3	6	7		4
6		9		2	8		1	
2	8					1		
		5					4	2
	2		3	5		6		8
5		8	6	7	2			
7		6	4					1

SUDOKU 9*9 FACILE

PUZZLE #5

							5	2
7		5				8	9	6
	1				2		4	7
	4	7		5	9			
	5		1		8		7	
			6	3		4	8	
4	7		8				2	
5	6	3				7		8
1	8							

PUZZLE #6

	7	2	5	4	6		1	
	4			7		8	5	
	3		1					6
			2	8			9	1
	2					6		
4	9			7	1			
3					5		2	
	5	7	8				3	
	8		4	9	3	1	7	

PUZZLE #7

		7	6	1		3		
			8		2			
	8	2				7	9	
	2	9	4		8	1	6	
6				9				5
	4	1	2		6	9	7	
	6	5				2	1	
			9		5			
		3		2	4	6		

PUZZLE #8

5	8						1	
4	1	2		3	7			6
					9		5	2
			4	8	6	3		
8			3		2			5
	4	3	6	5				
9	7		2					
2			1	6		3	7	9
	6						8	1

SUDOKU 9*9 FACILE

PUZZLE #9

5			1				2	
	4	6	2					5
	1	7				3		
1	5			9			7	3
		4	8		3	6		
3	6			2			5	8
		5				8	3	
6					8	5	9	
	9				5			4

PUZZLE #10

		3				8		
	7	2	1			4		5
8	5		7					
2		8	5		7		6	
7	1			9			2	8
	4		6			8	7	1
				5			9	6
	8		3			9	2	7
		4				3		

PUZZLE #11

1			2			9		3
9				8		4	7	
		6		9		2		
8		4		7		3		
	5	1	6		8	7	4	
		7		2		6		8
		2		5		1		
	1	9		6				7
6		5			4			2

PUZZLE #12

			3				6	4
6		1				8		5
	8		7			1		
3		8	4				1	
7		4	5		3	9		2
	2				7	5		3
		7			8		9	
2		6				3		8
8	1				5			

SUDOKU 9*9 FACILE

PUZZLE #13

	6				7	3	5	
						4	7	
5		7				2	1	8
3	7			8	1			
	5		7		4		2	
			9	2			3	5
7	9	1				5		2
	2	6						
	3	5	6				4	

PUZZLE #14

	1			4	7			
	7	9	6	3		4	5	
								2
	8					9	1	
1	9	2	4		3	5	6	8
	4	6					2	
7								
	6	4		5	2	8	3	
			7	6			4	

PUZZLE #15

		5		3	9		1	7
	1		2		5	8		
2		7		4				
3			7			9		8
		6		8		3		
5		8			1			2
				1		7		5
		9	5		4		8	
1	5		8	6		4		

PUZZLE #16

	7	6		4				
8	1		6			7	2	
3				5	7			8
		7				8		2
		9	4		2	5		
6		2				4		
2			7	1				9
	9	1			3		5	7
				2		3	4	

SUDOKU 9*9 FACILE

PUZZLE #17

		2			6		4	1
	9						3	7
6					7	2		
3		9		8		7		2
	4		9		5		1	
2		5		6		9		4
		1	2					8
9	5						2	
8	2		5			4		

PUZZLE #18

		8	6	4	2			9
	6		9			1	3	
	4					8		2
	2			5		9		
6	8						7	5
	3			6			2	
5		7				6		
	4	2			6		1	
3			5	7	1	2		

PUZZLE #19

8			5		3	9		
	4	9		1			3	7
			7				8	
5		4	9	7				
	1	8				4	7	
				5	4	1		6
	8				5			
3	5			6			8	1
		1	3		2			4

PUZZLE #20

		4		6				5
9	1				4			
6			2	9	5			4
		6	4	1				9
1		7				4		8
5				7	3	2		
8			7	2	1			6
		8					7	2
7				4		8		

SUDOKU 9*9 FACILE

PUZZLE #21

		1						
			1	4				9
4	9			2	8		7	6
9	4							8
5	8	3	9		6	7	2	4
7							5	3
1	5		4	6			9	2
3				9	1			
						8		

PUZZLE #22

3				4				
9		5		8			2	3
1		8			9	6	7	
			4	6			3	1
4			9		5			6
7	2		8	3				
	5	1	4			8		7
6	3			5		1		2
			6					4

PUZZLE #23

7			1	6	4	5		8
4		2	8					6
	1				7			9
3	7			2	5			
1								5
			7	8			6	3
5			4			9		
9					2	8		4
8			7	9	3	6		2

PUZZLE #24

8		2				5		9
		5			1		2	
7	9				6			
	5				7	2		6
4		3	6		8	7		1
6		8	1				4	
			8				5	2
	3		2			1		
2		6				9		4

SUDOKU 9*9 FACILE

PUZZLE #25

	8	9	3			7		5
			5	4		8	2	9
		2	8					3
		8					5	
3	2	7				6	1	4
	5					2		
2					7	3		
8	9	4		6	3			
1		3			8	4	9	

PUZZLE #26

				1			8	
	6	5		7				
		8	4		9		7	5
	3	7	9					6
6	8			4			3	9
4					3	8	5	
2	9		6			5	1	
			2			4	5	
	6			3				

PUZZLE #27

		6	1		5	2		9
								6
		1	6		2		3	4
6	3				4			8
	2	5	9		7	6	4	
1			3				2	7
7	8		2		1	4		
4								
5		2	4		3	8		

PUZZLE #28

	4	6		2	5			
5			4	1		2	6	
				7			9	
6	3	1		4				
7	5		6		2		8	4
				9		3	7	6
	2		9					
	9	3		8	6			7
			2	7		8	4	

SUDOKU 9*9 FACILE

PUZZLE #29

	9				4			
		3	2		8			1
2	4			7		9	3	
				4	1	3		7
	3	9				1	6	
4		1	5	6				
	1	5		3			2	6
9			4		2	5		
			6				9	

PUZZLE #30

2				6	8		9	4
	5	8						
		9	4	2			3	
8	9	7	5			6		3
5		1			6	7	2	8
	8			4	9	3		
						2	7	
9	1		6	3				5

PUZZLE #31

1		6	3	4	9			
			6					9
	9			5		4		8
8		1	2	9		7		
4		9				2		1
		5		8	1	3		4
9		7		3			4	
2					6			
			4	2	7	9		5

PUZZLE #32

9			4		7	3		
		7		1	8		5	9
	4	5		2				
	1		5			8	3	
		6		3		1		
	7	3			9		4	
				9		5	7	
7	9		3	6		2		
		8	7		2			3

SUDOKU 9*9 FACILE

PUZZLE #33

	9		7	2				5
4	5	2		6				
6	1			8	5	2		9
						5	7	6
	3						1	
5	6	8						
1		6	2	3			5	8
				1		6	9	7
9				4	7		2	

PUZZLE #34

4			7	2			6	3
7			3	9		1		4
		9			1		8	
	3	4	5	7				
			3	6	5	7		
	1		2			4		
8		5		6	4			1
2	4			5	7			8

PUZZLE #35

2				3		1	9	
	5	9	1	7	2			
			4				7	
	2	3	6	8		5		
	6	7				9	2	
		1		9	7	6	8	
	9			4				
			9	2	3	4	6	
	8	2		5				9

PUZZLE #36

			2	3	6			1
	6		7		1		5	3
		1				7		8
7		8					6	
			4	6	7			
	5					3		2
5		3				9		
1	8		3		4		2	
9		6	2	8				

PUZZLE #37

5		1	8				3	
9		3			1	8	2	
	8				9			
3	2	6						1
4	1						6	5
7						9	4	3
			2				1	
	3	2	1			5		6
	7				6	3		2

PUZZLE #38

	5	4			6	8		1
	6				3			
	7	8		1			3	9
				9	4		5	7
	3		1		2		6	
9	8		3	6				
7	9			4		1	2	
			6				9	
5		3	2			4	8	

PUZZLE #39

		3	8					5
	7	5		4	1	3	2	
		9		3	6			
				8	7		5	4
	9						7	
5	8		4	2				
			2	1		5		
	6	2	7	5		1	8	
1					3	7		

PUZZLE #40

7						3		9
3		6	1					
		4	2	5		8	6	7
5	4		9	8				
		3	6		5	9		
				3	4		5	8
2	5	1		4	7	6		
					6	1		2
9		7						4

DIFFICILE SUDOKU 9*9

PUZZLE #1

1	9	3	2					8
		7				1		5
							3	
			6	2			9	
4				7				1
	2			4	5			
	4							
8		6			2			
3					9	7	6	2

PUZZLE #2

	5			3		4		
7	1			6				8
			2					
2		8				7		
	9						5	
		5				1		6
				3				
4			1				2	5
		7		8			9	

PUZZLE #3

3		6	9					
		9		6				
2				5		9	1	
			6	8		2	5	
9								4
	6	2		1	9			
	4	7		2				3
				9		6		
					3	7		1

PUZZLE #4

			3	4		1		9
	7				1			
		5	7			8		
							1	3
	1	7		8		4	5	
5	9							
		1			2	6		
			5				2	
6		2		9	8			

DIFFICILE SUDOKU 9*9

PUZZLE #5

							5	
			4			7		2
6	2	4	8			3		
			9	5			4	
		1		6		5		
	8			4	2			
		7			4	1	8	3
1		9			6			
	3							

PUZZLE #6

5		7	4					8
	3	2		6				
	4				8			
		3		6			2	
7								4
	2		5		7			
		7					1	
		8			3	9		
2				9	5			6

PUZZLE #7

			6	1				9
	5				7			
6				2			4	
1			2		3	8		
3	8					7	6	
	6	9		8			1	
	4		8				7	
	8				9			
9			5	6				

PUZZLE #8

		8			4			
1	6							7
	7	2					1	
8	3		7					
5		6	1	4				3
	5					6	9	
	8		2			9		
6						2	1	
	9			6				

DIFFICILE SUDOKU 9*9

PUZZLE #9

		7	2	3				
4	8							
		5				1	6	
2			6	5	4		8	9
7	6		8	2	9			1
	7	8				3		
							7	5
			9	6	8			

PUZZLE #10

	3		2		1			
		7		5	3			
			8			4	2	
								5
	1	4				6	9	
9								
	8	5		2				
		2	6			1		
			4		3		7	

PUZZLE #11

	3	9	5	7				
5		1	2		6			
9						8		4
8				2				7
6		4						1
			3		4	9		6
				6	1	4	3	

PUZZLE #12

2				8	5	9		
4	3							1
		7		2				
			7					
	1	3		4		6	8	
					6			
				9		1		
7							5	3
			2	5	6			8

PUZZLE #13

8			1	3		6		
6		7			8			
				9			5	3
4	6		9					
		2				1		
					7		9	4
1	2			7				
			5			3		7
		3		6	2			1

PUZZLE #14

6		1			3			
	5			9			3	
	9	3						
	6		1		5			9
	4				8			
8			4		9		2	
						1	5	
	8			6			4	
		3				2		7

PUZZLE #15

	6			5		1		
	9	5	6			2		
			3					
	5					8		
4		3	9		7	5		1
		7					4	
					2			
		8			6	9	3	
		4		8			7	

PUZZLE #16

		3	4		1			
1	5						7	
		7			2		1	
4			2		7			
6			5		4			9
			3		9			2
	2		7			1		
	8						6	7
			9		8	5		

DIFFICILE SUDOKU 9*9

PUZZLE #17

2		9			6		8	1
4				3			9	
5					8			
	8					1		
		5	3		9	7		
		6					4	
			4					3
	5			7				4
6	1		9			8		7

PUZZLE #18

		8						
				4		8	5	
	9	3	2	8				4
2	5		4					7
4								3
8				6			1	2
3			9	7	6	2		
	8	2		5				
						3		

PUZZLE #19

			8			7		9
		1	7	9				
		2		3				1
	1				3		8	
		9		1		5		
	6		5				1	
4			8			2		
			6	4	3			
6		8			5			

PUZZLE #20

6			4				9	
9	2			6	1	7		
2	3							7
		9	6	8	2	4		
1							2	5
		6	8	5			3	9
	7				9			1

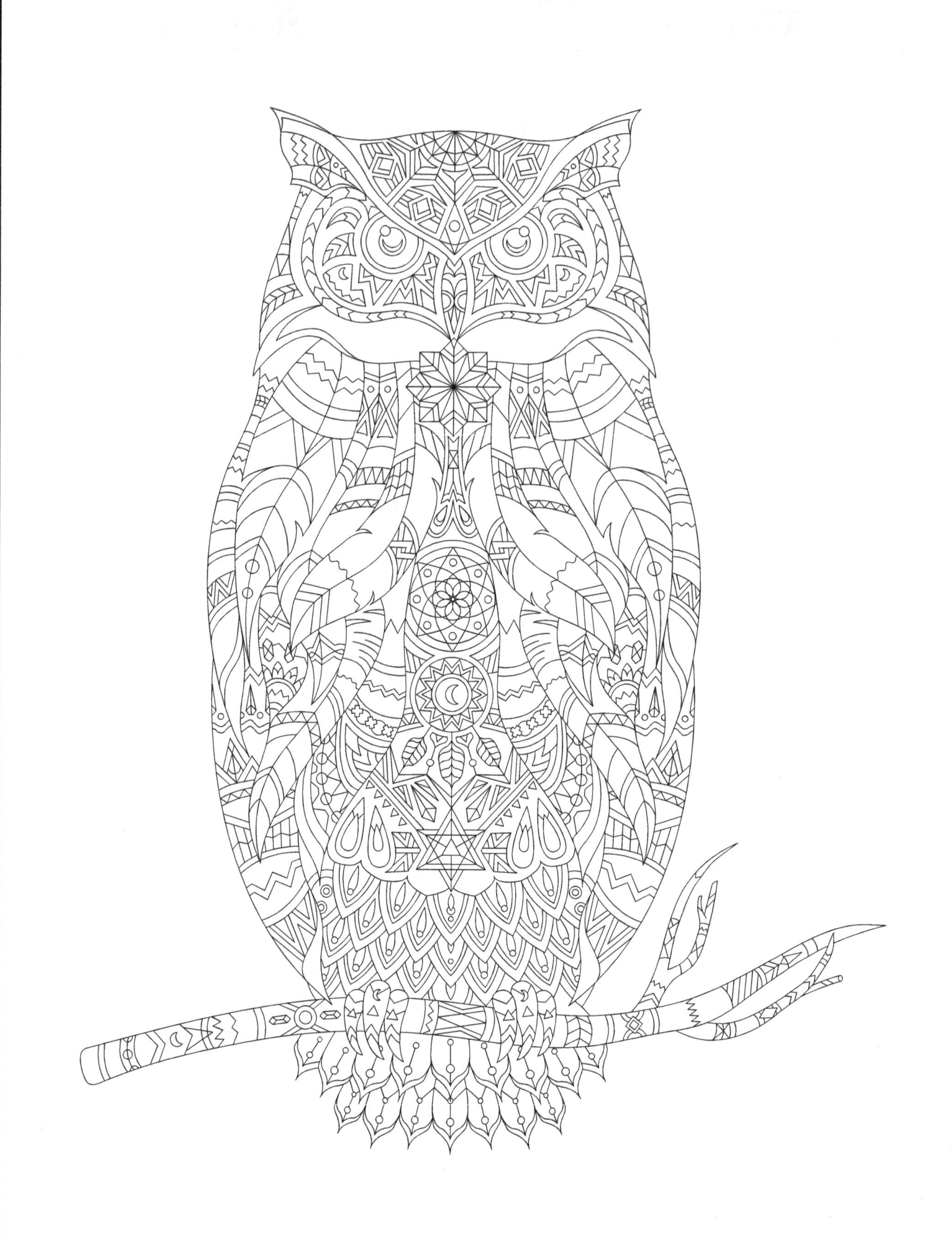

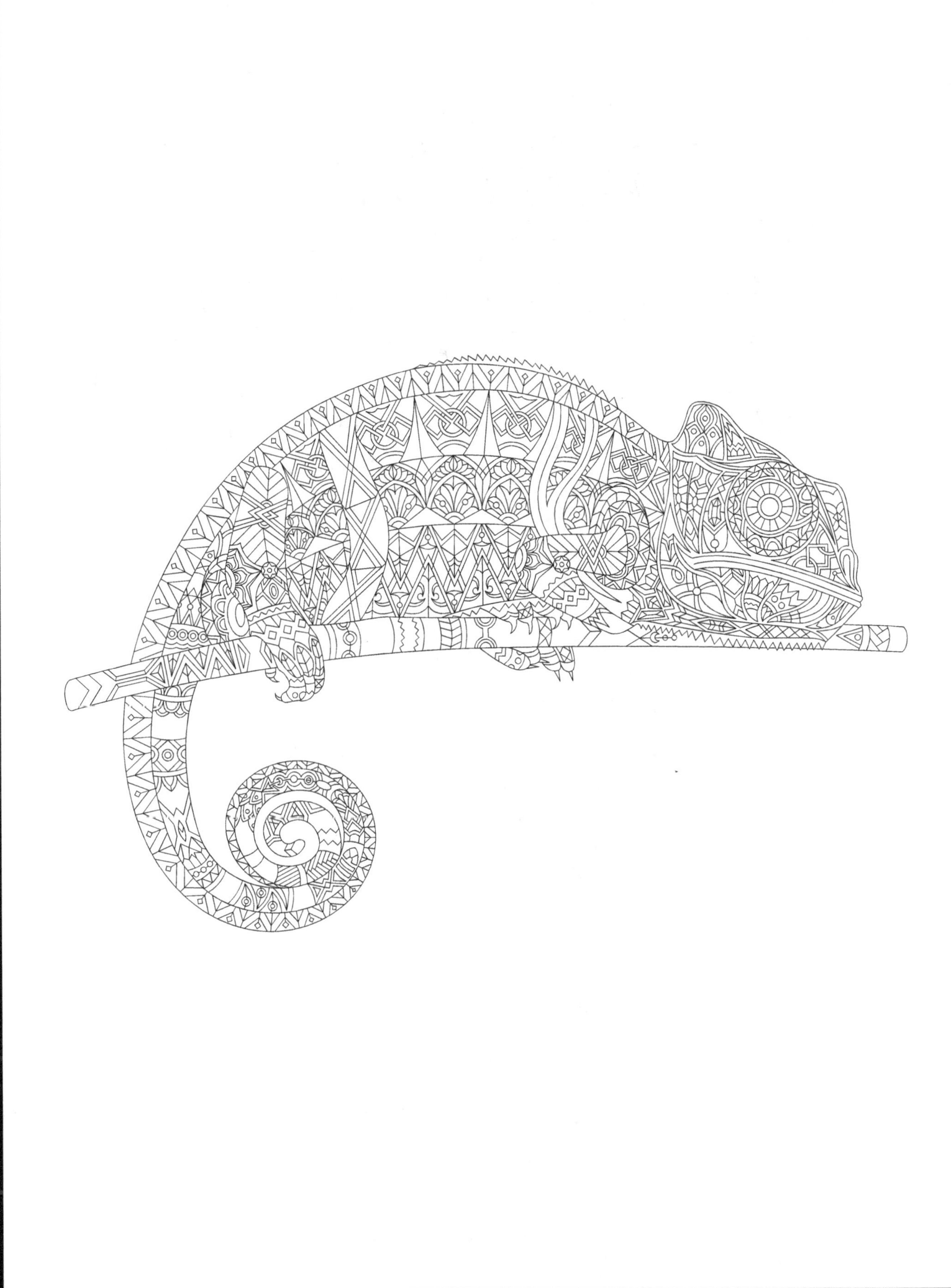

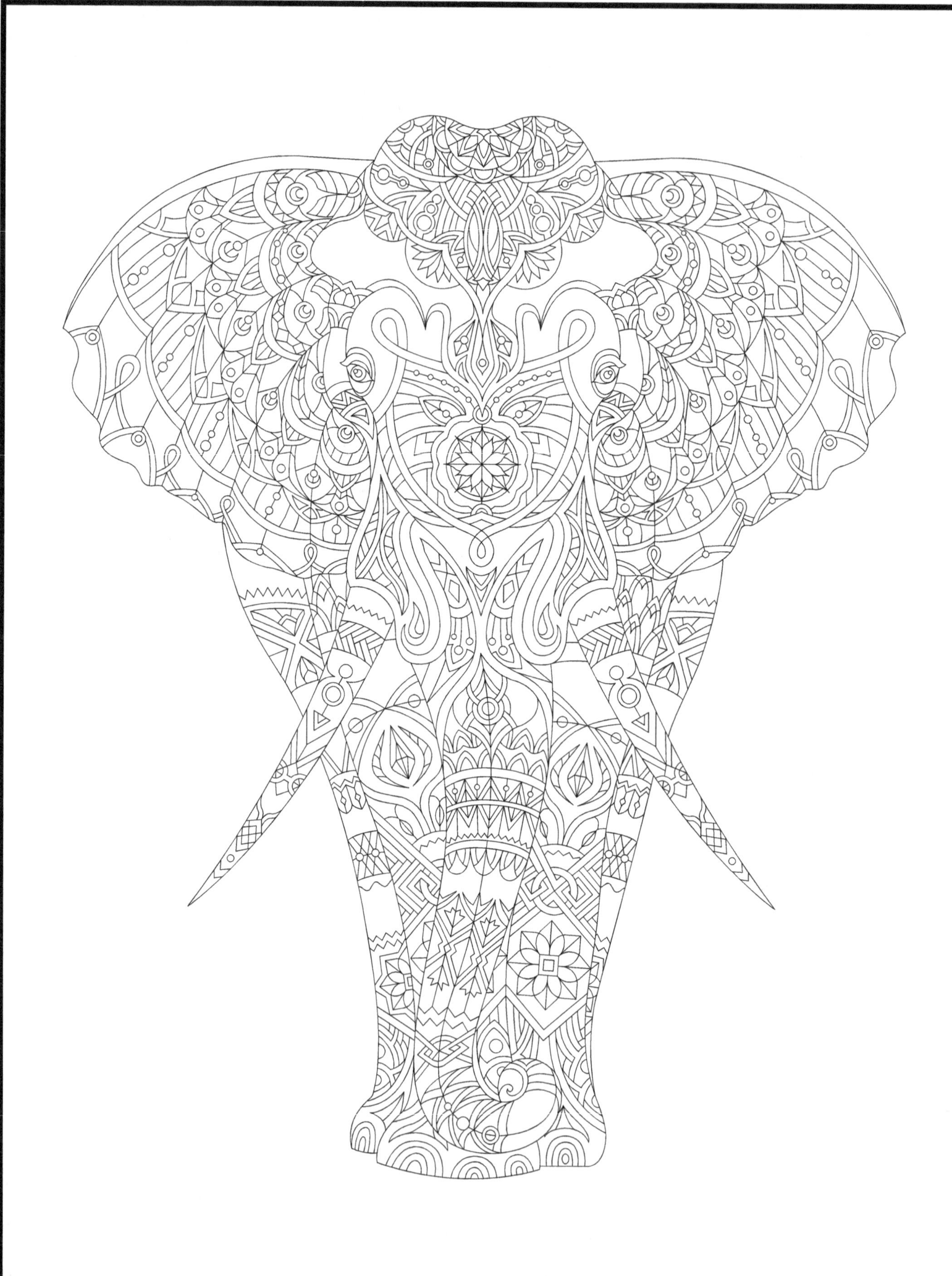

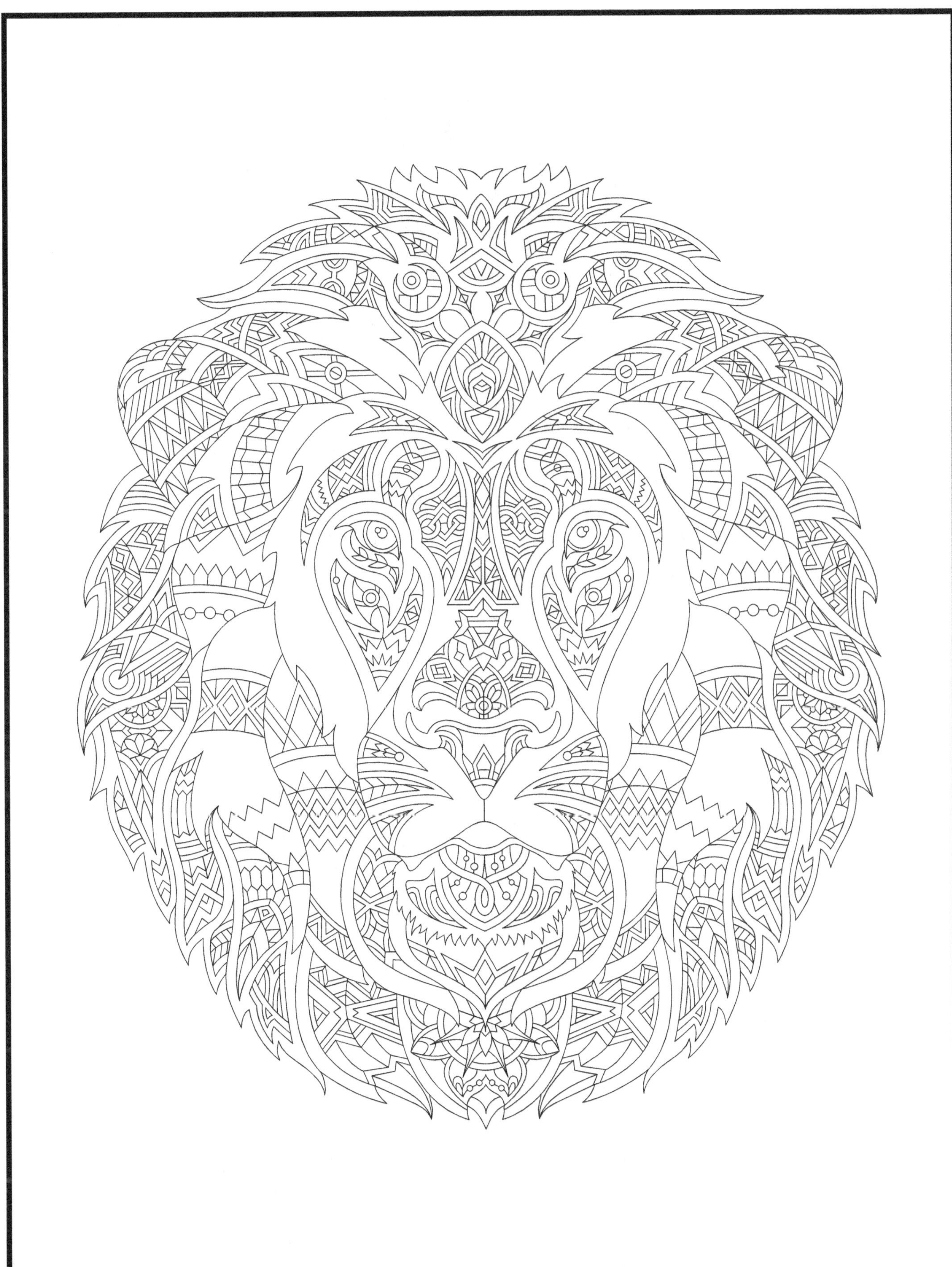

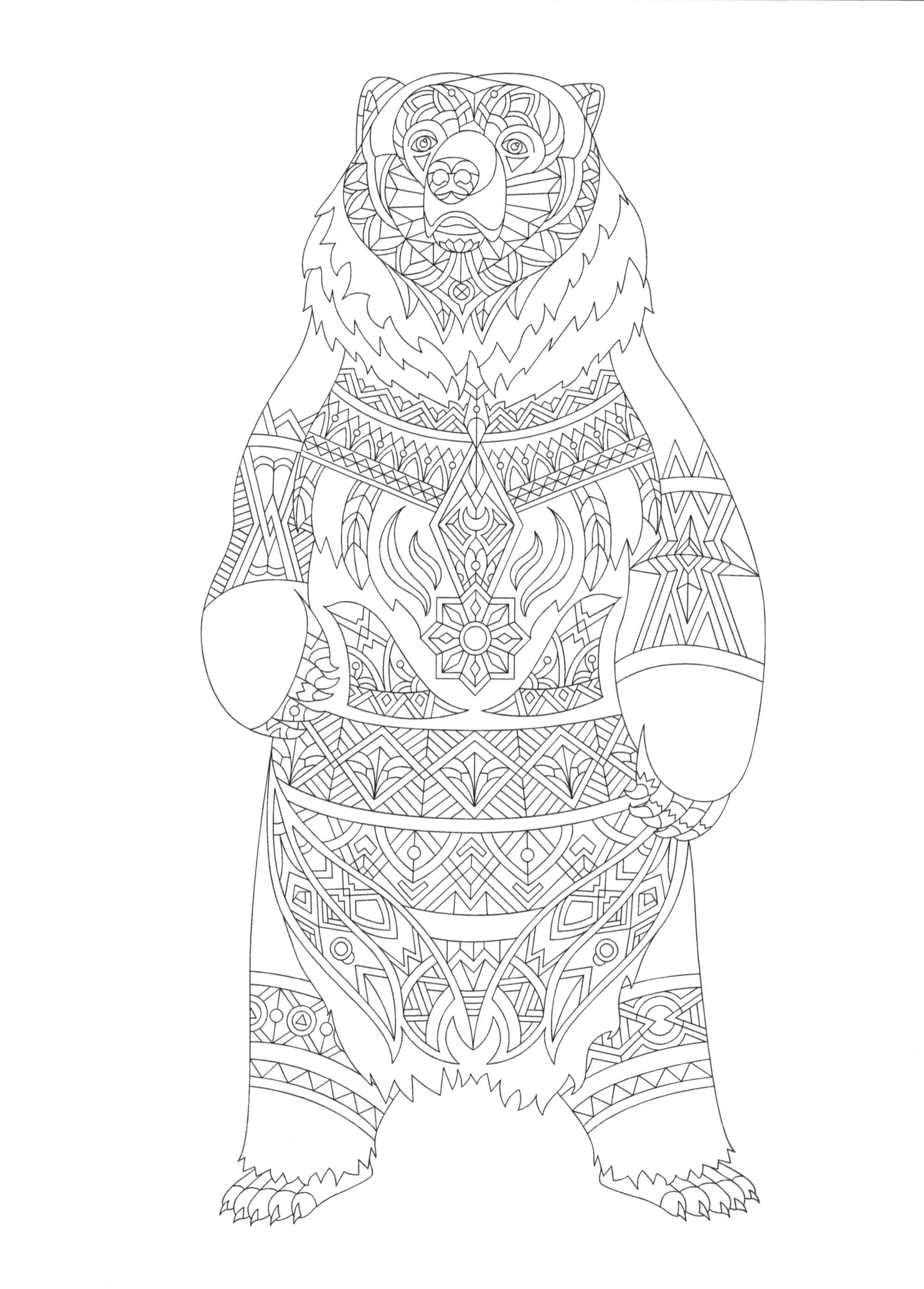

SUDOKU 4*4

PUZZLE #1

3		1	
	2		
		4	
	3		1

PUZZLE #2

1			
	2	4	
	1	3	
			4

PUZZLE #3

	1		
3			4
1			2
		4	

PUZZLE #4

3			4
	2		
		4	
2			1

PUZZLE #5

			1
	1	4	
	2	3	
3			

PUZZLE #6

	3		
4			3
1			2
		1	

PUZZLE #7

	3	4	
4			
			2
	2	1	

PUZZLE #8

	2		4
1			
			3
2		4	

PUZZLE #9

1		3	
			1
2			
	4		2

PUZZLE #10

2			1
		3	
	2		
4			3

PUZZLE #11

			2
	2	1	
	4	3	
3			

PUZZLE #12

		2	
2			3
4			1
	1		

PUZZLE #13

	3	1	
			3
4			
	2	4	

PUZZLE #14

2			3
	1		
		3	
1			4

PUZZLE #15

3		2	
	4		
		1	
	3		2

PUZZLE #16

			3
2			1
4			3
	2		

SUDOKU 4*4

PUZZLE #17

	2		
4			2
3			1
		3	

PUZZLE #18

	2	3	
			2
1			
	4	1	

PUZZLE #19

		1	
1			4
2			3
	3		

PUZZLE #20

	3		4
		2	
	1		
3		4	

PUZZLE #21

3			1
		4	
	3		
2			4

PUZZLE #22

4		1	
	3		
		2	
	4		1

PUZZLE #23

2			3
		4	
	2		
1			4

PUZZLE #24

	2		
3			1
2			4
		1	

PUZZLE #25

1		2	
			4
3			
	1		2

PUZZLE #26

	1	3	
			2
1			
	4	2	

PUZZLE #27

4			2
	2		
		3	
3			1

PUZZLE #28

		1	4
3			
			4
	3	2	

PUZZLE #29

			1
	1	3	
	4	2	
2			

PUZZLE #30

	3	4	
4			
			1
	1	2	

PUZZLE #31

3			1
	1		
		2	
2			4

PUZZLE #32

3		1	
			2
4			
	3		1

SUDOKU 4*4

PUZZLE #33

3			1
		3	
	2		
4			2

PUZZLE #34

	1	4	
4			
			3
	3	2	

PUZZLE #35

	4	3	
3			
			2
	2	1	

PUZZLE #36

3			4
		2	
		3	
1			2

PUZZLE #37

		4	
2			3
1			4
	2		

PUZZLE #38

3			
		1	3
		4	2
			4

PUZZLE #39

4		1	
	1		
		2	
	2		3

PUZZLE #40

		2	3
		1	
		4	
2		3	

PUZZLE #41

			2
	3	4	
	1	2	
3			

PUZZLE #42

			3
	3	1	
	2	4	
4			

PUZZLE #43

			2
	1	3	
	4	2	
1			

PUZZLE #44

	3		
2			1
3			4
		1	

PUZZLE #45

	3	1	
			3
2			
	4	2	

PUZZLE #46

3		4	
			2
1			
	3		4

PUZZLE #47

	4		
1			4
2			3
		2	

PUZZLE #48

1			4
		2	
	1		
3			2

SUDOKU 4*4

PUZZLE #49

		1	
1			4
2			3
	3		

PUZZLE #50

	4		3
2			
			1
4		3	

PUZZLE #51

			4
	4	2	
	3	1	
1			

PUZZLE #52

			3
		2	4
		1	3
2			

PUZZLE #53

1		2	
	3		
		4	
	1		2

PUZZLE #54

4			3
		4	
	1		
2			1

PUZZLE #55

4		1	
			4
2			
	3		2

PUZZLE #56

3		2	
			1
4			
	3		2

PUZZLE #57

4			1
		4	
	2		
3			2

PUZZLE #58

4			3
		2	
	4		
1			2

PUZZLE #59

	2	4	
			1
2			
	3	1	

PUZZLE #60

4		2	
			4
3			
	1		3

PUZZLE #61

3			
	4	1	
	3	2	
			1

PUZZLE #62

	2	1	
1			
			3
	3	4	

PUZZLE #63

			3
	2	1	
	4	3	
2			

PUZZLE #64

			4
	4	3	
	1	2	
2			

SUDOKU 4*4

PUZZLE #65

	4		3
		2	
	1		
4		3	

PUZZLE #66

	3	2	
4			
			2
	4	1	

PUZZLE #67

1			3
		1	
	2		
4			2

PUZZLE #68

2			1
	1		
		3	
3			4

PUZZLE #69

	3		
3			4
2			1
	1		

PUZZLE #70

1		3	
	3		
		2	
	2		4

PUZZLE #71

	4		1
1			
			2
2		3	

PUZZLE #72

3		2	
	4		
		1	
	3		2

PUZZLE #73

4		2	
			4
1			
	3		1

PUZZLE #74

	3		
2			4
3			1
		4	

PUZZLE #75

	2	1	
4			
			1
	4	3	

PUZZLE #76

4		3	
			4
1			
	2		1

PUZZLE #77

	3		
2			1
3			4
		1	

PUZZLE #78

	1	4	
4			
			3
	3	2	

PUZZLE #79

2			
	4	2	
	3	1	
			3

PUZZLE #80

3			
	2	4	
	3	1	
			4

SUDOKU 6*6

PUZZLE #1

	5	1			
	3				
			4		1
				5	
1					2
5	2				6

PUZZLE #2

			5		1
4		5		3	
	1		2		5
6		4			2

PUZZLE #3

	3				
	4	5		2	
			1		
3				4	
					2
1	6		4		

PUZZLE #4

		6			4
		4	6	3	
6			1	4	
	4	3	1		
					2
				6	1

PUZZLE #5

3	5				6
				3	
1				4	
		2		6	
	3		6		2
		5			3

PUZZLE #6

6					
4	2		3		
5				4	1
	1				
		5			
			6	1	5

PUZZLE #7

	5			4	6
			3	2	
4	3				
				3	
	4	3	6	5	
					3

PUZZLE #8

					5
5	3			4	
		6		1	
					6
2		6			
4			2		

PUZZLE #9

		3			4
				5	
1	3				
		4			5
		6			3
		1	5		2

SUDOKU 6*6

PUZZLE #10

		3	5		
6	1				4
		2		6	1
		1	2		
5					
	2				5

PUZZLE #11

		4			
	1	3			6
			5		1
	4		6		3
6					5

PUZZLE #12

	5				
6			1		3
	3	1		6	
					4
3					2
		4	5		

PUZZLE #13

		5		4	
			5	1	6
5	2			3	
		6			
3					
6					5

PUZZLE #14

		4			
			1	5	
		2			
5	4		6	1	
2				3	
	3			2	

PUZZLE #15

2	4			1	
			5		3
	3				
3			2	6	
6			1		

PUZZLE #16

		6			4
1		5			
5			4		
6					3
2	5				1
	6				

PUZZLE #17

2	4				1
			5		3
	3				
3			2	6	
6			1		

PUZZLE #18

	5				
6			1		3
	3	1		6	
					4
3					2
		4	5		

SUDOKU 6*6

PUZZLE #19

PUZZLE #20

PUZZLE #21

PUZZLE #22

PUZZLE #23

PUZZLE #24

PUZZLE #25

PUZZLE #26

PUZZLE #27

SUDOKU 6*6

PUZZLE #28

1				4	3
		3	2		
	2			5	6
	6		2		5
	3			6	4

PUZZLE #29

	2				
	6	1	2		
	3	6		4	
5		4			
			4	3	
				1	

PUZZLE #30

				1	6
2	6				
		4			
				2	5
	3		6	4	
			5		

PUZZLE #31

	6			4	5
5		4			
1					6
6				2	
			1	3	
4					

PUZZLE #32

1	3			5	
			2		
					4
5		4			
4		6		1	
		5		6	

PUZZLE #33

2	6	3			
1					
				2	1
	4		1		
3			2	5	

PUZZLE #34

1			4		
				5	3
3	1		6	4	
5					2
	2		5	1	

PUZZLE #35

		4	3		6
4				6	3
		6		5	4
6					
5	2				

PUZZLE #36

	4			3	1
	3			6	
			5	1	
5				2	4
	6	4			
1	5		6		

SUDOKU 6*6

PUZZLE #37

	3	1		6	
		4			
5					2
		2	4		
	5		6		1

PUZZLE #38

			5		3
3	1		2		
	2			4	
		4			
6					1
		1			5

PUZZLE #39

		4			3
2					
3					4
		1			
	6	2	3		1
5				2	

PUZZLE #40

6		4		2	1
	2				4
	3				
1	4		2		
			4		6

PUZZLE #41

			2		
3	5	2	4		
		1			
6					
		1	6		4
5		6			1

PUZZLE #42

3					
	6				
2			6		4
		5		2	
	3				2
		6	5	1	

PUZZLE #43

			6		4
1			5		
5			4		
6					3
2	5				1
	6				

PUZZLE #44

3					
		6		5	4
					5
	4				2
2	6		1		
		1			6

PUZZLE #45

		3			
	4	5		2	
			1		
3				4	
					2
1	6		4		

SOLUTION DES MOTS CROISÉS

N°1

1	2	3	4	5	6	7	8	9	10	11	12	13
S	P	E	L	O	G	I	A	R	T	N	H	Z

14	15	16	17	18	19	20	21	22	23	24	25	26
D	U	B	C	M	K	V	Y	F	X			

N°2

1	2	3	4	5	6	7	8	9	10	11	12	13
P	L	E	I	N	Z	A	R	F	U	J	B	Q

14	15	16	17	18	19	20	21	22	23	24	25	26
H	C	X	G	V	O	S	D	K	Y	M	W	T

N°3

1	2	3	4	5	6	7	8	9	10	11	12	13
R	E	P	I	T	Z	Q	W	J	A	Y	O	V

14	15	16	17	18	19	20	21	22	23	24	25	26
G	X	B	S	N	D	K	U	F	M	C	H	L

N°4

1	2	3	4	5	6	7	8	9	10	11	12	13
T	O	N	A	L	Z	R	S	B	Y	Q	C	W

14	15	16	17	18	19	20	21	22	23	24	25	26
H	U	D	K	X	E	J	P	F	V	I	G	M

N°5

1	2	3	4	5	6	7	8	9	10	11	12	13
P	U	A	N	T	D	Y	L	G	R	C	W	F

14	15	16	17	18	19	20	21	22	23	24	25	26
Q	X	B	I	S	O	E	K	Z	H	M	V	J

SOLUTION DES MOTS MÊLÉS

N°1

LE MOT-MYSTÈRE EST : EXTRAORDINAIRE

N°2

La phrase-mystère est CINQ PAR JOUR

N°3

Le mot-mystère est : MARSEILLE

N°4

Le mot-mystère est : fragile

N°5

Le mot-mystère est : espérance

N°6

Le mot-mystère est : flocon

N°7

La phrase-mystère est : errare humanum est

(l'erreur est humaine)

N°8

Le mot-mystère est : Fukushima

N°9

Le mot-mystère est : ylang-ylang

N°10

Le mot-mystère est : athlète

N°11

La phrase-mystère est : viande de brousse

N°12

Le mot-mystère est : papillote

N°13

Le mot-mystère est : constellation

N°14

Le mot-mystère est : délicieux

N°15

Le mot-mystère est : amortisseurs

N°16

Le mot-mystère est : croquemitaine

N°17

Le mot-mystère est : architecte

N°18

Le mot-mystère est : Hermione Granger

N°19

La phrase-mystère est : LA PALME D'OR

N°20

Le mot-mystère est : MOTEUR DE RECHERCHE

SOLUTION SUDOKU 9*9 INTERMÉDIAIRE

PUZZLE #1

```
9 6 2 4 5 7 3 8 1
8 7 3 2 1 6 5 9 4
5 4 1 9 8 3 7 6 2
7 3 6 8 4 2 1 5 9
4 5 8 1 7 9 6 2 3
1 2 9 3 6 5 4 7 8
2 9 5 6 3 4 8 1 7
6 8 4 7 9 1 2 3 5
3 1 7 5 2 8 9 4 6
```

PUZZLE #2

```
5 9 7 6 8 3 1 2 4
4 1 8 2 9 5 6 3 7
3 2 6 7 1 4 8 5 9
9 4 5 1 2 6 3 7 8
6 7 3 4 5 8 2 9 1
1 8 2 9 3 7 4 6 5
7 5 1 3 4 2 9 8 6
2 6 4 8 7 9 5 1 3
8 3 9 5 6 1 7 4 2
```

PUZZLE #3

```
2 4 5 7 3 6 1 9 8
3 6 8 4 1 9 7 5 2
9 7 1 8 2 5 6 4 3
7 8 2 5 6 1 9 3 4
1 3 6 2 9 4 5 8 7
4 5 9 3 7 8 2 1 6
8 1 7 6 5 3 4 2 9
5 2 3 9 4 7 8 6 1
6 9 4 1 8 2 3 7 5
```

PUZZLE #4

```
3 6 8 1 7 4 2 5 9
9 2 4 5 8 3 6 1 7
1 7 5 6 9 2 8 4 3
8 4 6 7 3 9 5 2 1
5 9 2 4 1 6 3 7 8
7 1 3 8 2 5 9 6 4
2 3 1 9 5 7 4 8 6
6 5 7 3 4 8 1 9 2
4 8 9 2 6 1 7 3 5
```

PUZZLE #5

```
7 1 3 4 2 9 5 8 6
8 9 4 6 7 5 1 3 2
2 6 5 3 1 8 9 7 4
5 3 1 2 8 4 6 9 7
6 4 8 5 9 7 3 2 1
9 7 2 1 3 6 8 4 5
3 2 6 8 4 1 7 5 9
1 8 9 7 5 2 4 6 3
4 5 7 9 6 3 2 1 8
```

PUZZLE #6

```
4 2 6 8 1 7 5 3 9
5 7 8 9 6 3 1 2 4
1 3 9 2 4 5 7 6 8
7 6 3 4 5 9 2 8 1
2 8 4 6 3 1 9 5 7
9 5 1 7 8 2 3 4 6
8 1 7 5 2 4 6 9 3
3 4 5 1 9 6 8 7 2
6 9 2 3 7 8 4 1 5
```

PUZZLE #7

```
9 5 7 8 3 2 6 4 1
8 6 2 4 1 5 9 7 3
3 1 4 9 6 7 2 5 8
6 2 3 5 9 4 1 8 7
5 9 8 7 2 1 3 6 4
4 7 1 3 8 6 5 2 9
1 3 5 2 4 8 7 9 6
2 4 6 1 7 9 8 3 5
7 8 9 6 5 3 4 1 2
```

PUZZLE #8

```
2 4 3 1 6 9 8 7 5
5 8 1 4 3 7 6 2 9
9 7 6 8 5 2 4 1 3
8 6 5 9 2 3 1 4 7
1 9 4 7 8 5 2 3 6
7 3 2 6 1 4 5 9 8
3 1 9 5 4 8 7 6 2
6 5 7 2 9 1 3 8 4
4 2 8 3 7 6 9 5 1
```

PUZZLE #9

```
6 9 3 7 4 5 2 1 8
5 7 4 2 8 1 6 3 9
2 8 1 9 6 3 5 7 4
8 4 2 6 1 9 3 5 7
7 5 9 4 3 2 1 8 6
1 3 6 8 5 7 9 4 2
3 6 7 1 2 4 8 9 5
9 1 8 5 7 6 4 2 3
4 2 5 3 9 8 7 6 1
```

PUZZLE #10

```
5 2 6 1 9 8 4 3 7
4 8 3 5 7 6 9 2 1
9 7 1 3 2 4 6 5 8
1 6 9 2 8 3 5 7 4
3 5 8 6 4 7 1 9 2
7 4 2 9 1 5 8 6 3
6 3 7 4 5 1 2 8 9
8 9 4 7 6 2 3 1 5
2 1 5 8 3 9 7 4 6
```

PUZZLE #11

```
5 1 6 8 3 7 9 2 4
9 7 3 4 2 5 8 1 6
2 8 4 6 9 1 7 5 3
4 5 9 1 7 8 6 3 2
3 6 7 5 4 2 1 9 8
1 2 8 9 6 3 4 7 5
6 9 5 3 1 4 2 8 7
7 3 1 2 8 6 5 4 9
8 4 2 7 5 9 3 6 1
```

PUZZLE #12

```
5 6 7 2 9 8 4 1 3
8 1 9 7 3 4 5 6 2
4 2 3 6 1 5 7 9 8
3 4 8 9 7 6 2 5 1
6 5 2 8 4 1 3 7 9
9 7 1 3 5 2 6 8 4
1 3 5 4 6 9 8 2 7
7 8 6 1 2 3 9 4 5
2 9 4 5 8 7 1 3 6
```

PUZZLE #13

```
1 8 9 3 4 7 2 5 6
4 5 2 1 6 8 9 7 3
6 3 7 2 9 5 1 4 8
5 2 1 8 3 6 4 9 7
9 6 3 4 7 2 8 1 5
7 4 8 9 5 1 6 3 2
3 1 6 5 2 4 7 8 9
8 7 5 6 1 9 3 2 4
2 9 4 7 8 3 5 6 1
```

PUZZLE #14

```
8 4 9 5 2 1 3 6 7
1 3 2 8 6 7 9 5 4
7 6 5 4 3 9 2 8 1
4 8 3 1 7 2 6 9 5
6 5 1 9 4 8 7 3 2
9 2 7 3 5 6 4 1 8
2 1 8 7 9 3 5 4 6
5 9 6 2 8 4 1 7 3
3 7 4 6 1 5 8 2 9
```

PUZZLE #15

```
1 8 7 2 3 4 5 9 6
5 6 2 9 1 8 4 3 7
9 4 3 6 5 7 8 1 2
3 7 4 5 2 1 6 8 9
6 9 1 4 8 3 2 7 5
2 5 8 7 6 9 3 4 1
8 2 9 3 7 6 1 5 4
4 3 5 1 9 2 7 6 8
7 1 6 8 4 5 9 2 3
```

PUZZLE #16

```
5 7 2 4 9 3 1 8 6
3 8 1 5 6 7 4 2 9
6 9 4 2 1 8 3 5 7
9 3 8 6 2 5 7 1 4
4 2 6 1 7 9 5 3 8
1 5 7 8 3 4 9 6 2
7 6 5 9 8 1 2 4 3
2 1 3 7 4 6 8 9 5
8 4 9 3 5 2 6 7 1
```

PUZZLE #17

```
6 7 8 5 3 9 2 1 4
3 4 9 2 8 1 5 7 6
5 2 1 6 7 4 9 3 8
4 6 5 1 9 3 7 8 2
2 8 3 7 5 6 1 4 9
1 9 7 4 2 8 6 5 3
8 5 2 3 6 7 4 9 1
7 3 4 9 1 2 8 6 5
9 1 6 8 4 5 3 2 7
```

PUZZLE #18

```
3 7 6 2 9 4 8 1 5
1 4 5 7 3 8 6 2 9
8 9 2 6 1 5 7 3 4
7 5 3 4 6 9 2 8 1
4 2 8 5 7 1 3 9 6
6 1 9 3 8 2 5 4 7
2 8 7 1 4 6 9 5 3
9 3 4 8 5 7 1 6 2
5 6 1 9 2 3 4 7 8
```

PUZZLE #19

```
9 4 2 7 1 3 8 6 5
5 1 7 8 2 6 3 4 9
8 6 3 9 4 5 7 1 2
1 8 6 5 7 2 9 3 4
4 7 5 1 3 9 6 2 8
3 2 9 4 6 8 5 7 1
2 9 4 3 8 7 1 5 6
7 5 1 6 9 4 2 8 3
6 3 8 2 5 1 4 9 7
```

PUZZLE #20

```
9 1 4 2 5 3 8 7 6
3 6 7 4 9 8 2 1 5
5 2 8 6 7 1 3 9 4
4 5 3 9 8 2 7 6 1
1 9 6 5 3 7 4 8 2
7 8 2 1 4 6 5 3 9
6 3 5 7 2 9 1 4 8
2 7 9 8 1 4 6 5 3
8 4 1 3 6 5 9 2 7
```

SOLUTION SUDOKU 9*9 FACILE

PUZZLE #1

```
1 8 5 9 7 4 6 2 3
6 2 7 8 1 3 5 4 9
9 4 3 6 5 2 7 8 1
7 9 6 5 3 8 4 1 2
3 1 4 2 9 7 8 6 5
8 5 2 1 4 6 3 9 7
5 6 8 3 2 1 9 7 4
2 7 9 4 8 5 1 3 6
4 3 1 7 6 9 2 5 8
```

PUZZLE #2

```
5 8 9 4 1 2 6 3 7
6 4 7 5 8 3 9 2 1
2 1 3 7 9 6 8 4 5
4 5 8 6 2 7 1 9 3
9 3 2 1 5 8 7 6 4
7 6 1 9 3 4 2 5 8
3 2 4 8 6 1 5 7 9
8 7 5 2 4 9 3 1 6
1 9 6 3 7 5 4 8 2
```

PUZZLE #3

```
8 3 6 5 7 2 4 9 1
7 1 9 8 6 4 2 5 3
2 4 5 9 3 1 6 8 7
1 8 4 7 2 6 9 3 5
6 5 3 1 4 9 8 7 2
9 7 2 3 5 8 1 6 4
4 9 7 2 8 5 3 1 6
5 6 8 4 1 3 7 2 9
3 2 1 6 9 7 5 4 8
```

PUZZLE #4

```
8 7 3 1 4 5 2 9 6
1 5 2 9 3 6 7 8 4
6 4 9 7 2 8 3 1 5
2 8 5 7 9 4 1 6 3
4 9 1 2 6 3 8 5 7
3 6 5 8 1 7 9 4 2
9 2 4 3 5 1 6 7 8
5 1 8 6 7 2 4 3 9
7 3 6 4 8 9 5 2 1
```

PUZZLE #5

```
9 3 4 7 8 6 1 5 2
7 2 5 4 1 3 8 9 6
6 1 8 5 9 2 3 4 7
8 4 7 2 5 9 6 3 1
3 5 6 1 4 8 2 7 9
2 9 1 6 3 7 4 8 5
4 7 9 8 6 1 5 2 3
5 6 3 9 2 4 7 1 8
1 8 2 3 7 5 9 6 4
```

PUZZLE #6

```
8 7 2 5 4 6 3 1 9
6 4 1 9 3 7 8 5 2
5 3 9 1 2 8 7 4 6
7 6 3 2 8 4 5 9 1
1 2 8 3 5 9 4 6 7
4 9 5 6 7 1 2 8 3
3 1 4 7 6 5 9 2 8
9 5 7 8 1 2 6 3 4
2 8 6 4 9 3 1 7 5
```

PUZZLE #7

```
4 5 7 6 1 9 3 8 2
3 9 6 8 7 2 5 4 1
1 8 2 5 4 3 7 9 6
7 2 9 4 5 8 1 6 3
6 3 8 7 9 1 4 2 5
5 4 1 2 3 6 9 7 8
9 6 5 3 8 7 2 1 4
2 1 4 9 6 5 8 3 7
8 7 3 1 2 4 6 5 9
```

PUZZLE #8

```
5 8 9 4 2 6 7 1 3
4 1 2 5 3 7 8 9 6
6 3 7 8 1 9 4 5 2
1 2 5 9 4 8 6 3 7
8 9 6 3 7 2 1 4 5
7 4 3 6 5 1 9 2 8
9 7 1 2 8 3 5 6 4
2 5 8 1 6 4 3 7 9
3 6 4 7 9 5 2 8 1
```

PUZZLE #9

```
5 8 3 1 4 6 9 2 7
9 4 6 2 3 7 1 8 5
2 1 7 5 8 9 3 4 6
1 5 8 6 9 4 2 7 3
7 2 4 8 5 3 6 1 9
3 6 9 7 2 1 4 5 8
4 7 5 9 6 2 8 3 1
6 3 1 4 7 8 5 9 2
8 9 2 3 1 5 7 6 4
```

PUZZLE #10

```
4 6 3 9 5 2 8 1 7
9 7 2 1 8 4 6 5 3
8 5 1 7 3 6 9 4 2
2 3 8 5 1 7 4 6 9
7 1 6 4 9 3 5 2 8
5 4 9 6 2 8 7 3 1
3 2 7 8 4 5 1 9 6
1 8 5 3 6 9 2 7 4
6 9 4 2 7 1 3 8 5
```

PUZZLE #11

```
1 7 8 2 4 6 9 5 3
9 2 3 5 8 1 4 7 6
5 4 6 3 9 7 2 8 1
8 6 4 1 7 9 3 2 5
2 5 1 6 3 8 7 4 9
3 9 7 4 2 5 6 1 8
7 8 2 9 5 3 1 6 4
4 1 9 8 6 2 5 3 7
6 3 5 7 1 4 8 9 2
```

PUZZLE #12

```
9 7 5 3 8 1 2 6 4
6 3 1 9 4 2 8 7 5
4 8 2 7 5 6 1 3 9
3 5 8 4 2 9 7 1 6
7 6 4 5 1 3 9 8 2
1 2 9 8 6 7 5 4 3
5 4 7 2 3 8 6 9 1
2 9 6 1 7 4 3 5 8
8 1 3 6 9 5 4 2 7
```

PUZZLE #13

```
2 6 8 4 1 7 3 5 9
9 1 3 2 5 8 4 7 6
5 4 7 3 6 9 2 1 8
3 7 2 5 8 1 6 9 4
6 5 9 7 3 4 8 2 1
1 8 4 9 2 6 7 3 5
7 9 1 8 4 3 5 6 2
4 2 6 1 7 5 9 8 3
8 3 5 6 9 2 1 4 7
```

PUZZLE #14

```
6 1 5 2 4 7 3 8 9
2 7 9 6 3 8 4 5 1
4 3 8 9 1 5 6 7 2
3 8 7 5 2 6 9 1 4
1 9 2 4 7 3 5 6 8
5 4 6 8 9 1 7 2 3
7 5 1 3 8 4 2 9 6
9 6 4 1 5 2 8 3 7
8 2 3 7 6 9 1 4 5
```

PUZZLE #15

```
4 8 5 6 3 9 2 1 7
6 1 3 2 7 5 8 9 4
2 9 7 1 4 8 5 6 3
3 2 1 7 9 6 4 8 5
9 7 6 4 8 2 3 5 1
5 4 8 3 9 1 6 7 2
8 6 4 9 1 3 7 2 5
7 3 9 5 2 4 1 8 6
1 5 2 8 6 7 4 3 9
```

PUZZLE #16

```
9 7 6 2 4 8 1 3 5
8 1 5 6 3 9 7 2 4
3 2 4 1 5 7 9 6 8
5 4 7 3 9 6 8 1 2
1 3 9 4 8 2 5 7 6
6 8 2 5 7 1 4 9 3
2 5 3 7 1 4 6 8 9
4 9 1 8 6 3 2 5 7
7 6 8 9 2 5 3 4 1
```

PUZZLE #17

```
5 7 2 3 9 6 8 4 1
1 9 4 8 5 2 6 3 7
6 8 3 4 1 7 2 9 5
3 6 9 1 8 4 7 5 2
7 4 8 9 2 5 3 1 6
2 1 5 7 6 3 9 8 4
4 3 1 2 7 9 5 6 8
9 5 7 6 3 8 1 2 4
8 2 6 5 4 1 3 7 9
```

PUZZLE #18

```
1 3 8 6 4 2 7 5 9
2 6 5 9 8 7 1 3 4
9 7 4 1 3 5 8 6 2
4 2 1 7 5 3 9 8 6
6 8 9 2 1 4 5 7 3
7 5 3 8 6 9 4 2 1
5 1 7 4 2 8 6 9 3
8 4 2 3 9 6 5 1 7
3 9 6 5 7 1 2 4 8
```

PUZZLE #19

```
8 7 6 5 2 3 9 4 1
2 4 9 6 1 8 5 3 7
1 3 5 7 4 9 6 8 2
5 6 4 9 7 1 3 2 8
9 1 8 2 3 6 4 7 5
7 2 3 8 5 4 1 9 6
4 8 7 1 9 5 2 6 3
3 5 2 4 6 7 8 1 9
6 9 1 3 8 2 7 5 4
```

PUZZLE #20

```
2 8 4 1 6 7 3 9 5
9 1 5 3 8 4 6 2 7
6 7 3 2 9 5 1 8 4
3 2 6 4 1 8 7 5 9
1 9 7 6 5 2 4 3 8
5 4 8 9 7 3 2 6 1
8 3 9 7 2 1 5 4 6
4 5 1 8 3 6 9 7 2
7 6 2 5 4 9 8 1 3
```

SOLUTION SUDOKU 9*9 FACILE

PUZZLE #21

```
2 3 1 6 7 9 4 8 5
8 6 7 1 4 5 2 3 9
4 9 5 3 2 8 1 7 6
9 4 2 7 5 3 6 1 8
5 8 3 9 1 6 7 2 4
7 1 6 2 8 4 9 5 3
1 5 8 4 6 7 3 9 2
3 2 4 8 9 1 5 6 7
6 7 9 5 3 2 8 4 1
```

PUZZLE #22

```
3 7 2 5 6 4 9 1 8
9 6 5 1 8 7 4 2 3
1 4 8 3 2 9 6 7 5
5 8 9 2 4 6 7 3 1
4 1 3 9 7 5 2 8 6
7 2 6 8 3 1 5 4 9
2 5 1 4 9 3 8 6 7
6 3 4 7 5 8 1 9 2
8 9 7 6 1 2 3 5 4
```

PUZZLE #23

```
7 3 9 1 6 4 5 2 8
4 5 2 8 9 3 7 1 6
6 1 8 2 5 7 3 4 9
3 7 4 6 2 5 9 8 1
1 8 6 3 4 9 2 7 5
2 9 5 7 8 1 4 6 3
5 2 3 4 1 8 6 9 7
9 6 1 5 7 2 8 3 4
8 4 7 9 3 6 1 5 2
```

PUZZLE #24

```
8 1 2 4 7 3 5 6 9
3 6 5 9 8 1 4 2 7
7 9 4 5 2 6 8 1 3
9 5 1 3 4 7 2 8 6
4 2 3 6 5 8 7 9 1
6 7 8 1 9 2 3 4 5
1 4 7 8 3 9 6 5 2
5 3 9 2 6 4 1 7 8
2 8 6 7 1 5 9 3 4
```

PUZZLE #25

```
6 8 9 3 2 1 7 4 5
7 3 1 5 4 6 8 2 9
5 4 2 8 7 9 1 6 3
4 1 8 6 3 2 9 5 7
3 2 7 9 8 5 6 1 4
9 5 6 7 1 4 2 3 8
2 6 5 4 9 7 3 8 1
8 9 4 1 6 3 5 7 2
1 7 3 2 5 8 4 9 6
```

PUZZLE #26

```
7 5 2 3 1 6 9 8 4
9 4 6 5 8 7 3 1 2
3 1 8 4 2 9 6 7 5
1 3 7 9 5 8 4 2 6
6 8 5 1 4 2 7 3 9
4 2 9 7 6 3 8 5 1
2 9 3 6 7 5 1 4 8
8 7 1 2 9 4 5 6 3
5 6 4 8 3 1 2 9 7
```

PUZZLE #27

```
3 7 6 1 4 5 2 8 9
2 4 8 7 3 9 1 5 6
9 5 1 6 8 2 7 3 4
6 3 7 5 2 4 9 1 8
8 2 5 9 1 7 6 4 3
1 9 4 3 6 8 5 2 7
7 8 3 2 1 9 4 6 5
4 1 9 8 5 6 3 7 2
5 6 2 4 7 3 8 9 1
```

PUZZLE #28

```
9 4 6 3 2 5 7 1 8
5 7 8 4 1 9 2 6 3
3 1 2 8 6 7 4 9 5
6 3 1 7 4 8 9 5 2
7 5 9 6 3 2 1 8 4
2 8 4 5 9 1 3 7 6
8 2 7 9 5 4 6 3 1
4 9 3 1 8 6 5 2 7
1 6 5 2 7 3 8 4 9
```

PUZZLE #29

```
1 9 6 3 5 4 8 7 2
7 5 3 2 9 8 6 4 1
2 4 8 1 7 6 9 3 5
6 8 2 9 4 1 3 5 7
5 3 9 8 2 7 1 6 4
4 7 1 5 6 3 2 8 9
8 1 5 7 3 9 4 2 6
9 6 7 4 8 2 5 1 3
3 2 4 6 1 5 7 9 8
```

PUZZLE #30

```
2 7 3 1 6 8 5 9 4
4 5 8 9 7 3 1 6 2
1 6 9 4 2 5 8 3 7
8 9 7 5 1 2 6 4 3
3 2 6 7 8 4 9 5 1
5 4 1 3 9 6 7 2 8
7 8 5 2 4 9 3 1 6
6 3 4 8 5 1 2 7 9
9 1 2 6 3 7 4 8 5
```

PUZZLE #31

```
1 8 6 3 4 9 5 2 7
5 4 2 6 7 8 1 3 9
7 9 3 1 5 2 4 6 8
8 3 1 2 9 4 7 5 6
4 7 9 5 6 3 2 8 1
6 2 5 7 8 1 3 9 4
9 1 7 8 3 5 6 4 2
2 5 4 9 1 6 8 7 3
3 6 8 4 2 7 9 1 5
```

PUZZLE #32

```
9 6 1 4 5 7 3 2 8
3 2 7 6 1 8 4 5 9
8 4 5 9 2 3 7 1 6
4 1 9 5 7 6 8 3 2
5 8 6 2 3 4 1 9 7
2 7 3 1 8 9 6 4 5
6 3 2 8 9 1 5 7 4
7 9 4 3 6 5 2 8 1
1 5 8 7 4 2 9 6 3
```

PUZZLE #33

```
8 9 3 7 2 4 1 6 5
4 5 2 9 6 1 7 8 3
6 1 7 3 8 5 2 4 9
2 4 1 8 9 3 5 7 6
7 3 9 4 5 6 8 1 2
5 6 8 1 7 2 9 3 4
1 7 6 2 3 9 4 5 8
3 2 4 5 1 8 6 9 7
9 8 5 6 4 7 3 2 1
```

PUZZLE #34

```
4 5 1 7 2 8 9 6 3
7 6 8 3 9 5 1 2 4
3 2 9 6 4 1 7 8 5
6 3 4 5 7 9 8 1 2
5 9 7 8 1 2 3 4 6
1 8 2 4 3 6 5 7 9
9 1 6 2 8 3 4 5 7
8 7 5 9 6 4 2 3 1
2 4 3 1 5 7 6 9 8
```

PUZZLE #35

```
2 7 4 5 3 8 1 9 6
6 5 9 1 7 2 8 3 4
1 3 8 4 6 9 2 7 5
9 2 3 6 8 1 5 4 7
8 6 7 3 4 5 9 2 1
5 4 1 2 9 7 6 8 3
3 9 6 8 1 4 7 5 2
7 1 5 9 2 3 4 6 8
4 8 2 7 5 6 3 1 9
```

PUZZLE #36

```
4 7 5 8 2 3 6 9 1
8 6 9 7 4 1 2 5 3
2 3 1 6 5 9 7 4 8
7 1 8 5 3 2 4 6 9
3 9 2 4 6 7 8 1 5
6 5 4 9 1 8 3 7 2
5 2 3 1 7 6 9 8 4
1 8 7 3 9 4 5 2 6
9 4 6 2 8 5 1 3 7
```

PUZZLE #37

```
5 4 1 8 2 7 6 3 9
9 6 3 4 5 1 8 2 7
2 8 7 3 6 9 1 5 4
3 2 6 9 4 5 7 8 1
4 1 9 7 3 8 2 6 5
7 5 8 6 1 2 9 4 3
6 9 5 2 7 3 4 1 8
8 3 2 1 9 4 5 7 6
1 7 4 5 8 6 3 9 2
```

PUZZLE #38

```
3 5 4 9 2 6 8 7 1
1 6 9 7 8 3 5 4 2
2 7 8 4 1 5 6 3 9
6 2 1 8 9 4 3 5 7
4 3 7 1 5 2 9 6 8
9 8 5 3 6 7 2 1 4
7 9 6 5 4 8 1 2 3
8 4 2 6 3 1 7 9 5
5 1 3 2 7 9 4 8 6
```

PUZZLE #39

```
6 1 3 8 7 2 4 9 5
8 7 5 9 4 1 3 2 6
2 4 9 5 3 6 8 1 7
3 2 6 1 8 7 9 5 4
4 9 1 3 6 5 2 7 8
5 8 7 4 2 9 6 3 1
7 3 4 2 1 8 5 6 9
9 6 2 7 5 4 1 8 3
1 5 8 6 9 3 7 4 2
```

PUZZLE #40

```
7 2 5 4 6 8 3 1 9
3 8 6 1 7 9 4 2 5
1 9 4 2 5 3 8 6 7
5 4 2 9 8 1 7 3 6
8 7 3 6 2 5 9 4 1
6 1 9 7 3 4 2 5 8
2 5 1 8 4 7 6 9 3
4 3 8 5 9 6 1 7 2
9 6 7 3 1 2 5 8 4
```

SOLUTION SUDOKU 9*9 DIFFICILE

PUZZLE #1

1	9	3	2	5	4	6	7	8
6	8	4	7	9	3	1	2	5
2	5	7	8	1	6	9	3	4
5	3	8	6	2	1	4	9	7
4	6	9	3	7	8	2	5	1
7	2	1	9	4	5	3	8	6
9	4	2	5	6	7	8	1	3
8	7	6	1	3	2	5	4	9
3	1	5	4	8	9	7	6	2

PUZZLE #2

8	5	9	1	3	7	4	6	2
7	1	2	4	6	5	9	3	8
6	4	3	2	9	8	5	1	7
2	6	8	3	5	1	7	4	9
1	9	4	8	7	6	2	5	3
3	7	5	9	4	2	1	8	6
9	8	1	5	2	3	6	7	4
4	3	6	7	1	9	8	2	5
5	2	7	6	8	4	3	9	1

PUZZLE #3

3	1	6	9	7	2	4	8	5
5	8	9	4	6	1	3	7	2
2	7	4	3	5	8	9	1	6
7	3	1	6	8	4	2	5	9
9	5	8	2	3	7	1	6	4
4	6	2	5	1	9	8	3	7
8	4	7	1	2	6	5	9	3
1	2	3	7	9	5	6	4	8
6	9	5	8	4	3	7	2	1

PUZZLE #4

8	2	6	3	4	5	1	7	9
3	7	9	8	2	1	5	6	4
1	4	5	7	6	9	8	3	2
4	6	8	2	5	7	9	1	3
2	1	7	9	8	3	4	5	6
5	9	3	6	1	4	2	8	7
7	5	1	4	3	2	6	9	8
9	8	4	5	7	6	3	2	1
6	3	2	1	9	8	7	4	5

PUZZLE #5

7	1	3	6	2	9	8	5	4
9	5	8	4	3	1	7	6	2
6	2	4	8	7	5	3	1	9
3	7	2	9	5	8	6	4	1
4	9	1	7	6	3	5	2	8
5	8	6	1	4	2	9	3	7
2	6	7	5	9	4	1	8	3
1	4	9	3	8	6	2	7	5
8	3	5	2	1	7	4	9	6

PUZZLE #6

5	9	7	4	1	3	2	6	8
8	3	2	9	6	5	4	7	1
6	4	1	2	7	8	9	5	3
1	8	4	3	9	6	7	2	5
7	5	9	8	2	1	6	3	4
3	2	6	5	4	7	1	8	9
9	6	3	7	5	4	8	1	2
4	1	5	6	8	2	3	9	7
2	7	8	1	3	9	5	4	6

PUZZLE #7

7	2	4	6	1	5	8	3	9
8	5	1	3	9	4	7	6	2
6	9	3	8	2	7	1	4	5
1	7	5	2	6	9	3	8	4
3	8	2	5	4	1	9	7	6
4	6	9	7	3	8	2	5	1
2	4	6	9	8	3	5	1	7
5	1	8	4	7	2	6	9	3
9	3	7	1	5	6	4	2	8

PUZZLE #8

9	5	8	1	7	6	4	3	2
1	6	2	8	4	3	9	5	7
4	7	3	2	9	5	8	1	6
8	3	6	9	2	7	1	4	5
5	9	7	6	1	4	2	8	3
2	1	4	5	3	8	7	6	9
7	8	1	3	6	2	5	9	4
6	4	5	7	8	9	3	2	1
3	2	9	4	5	1	6	7	8

PUZZLE #9

6	9	7	2	3	1	4	5	8
4	8	1	5	6	7	2	9	3
3	2	5	9	4	8	1	6	7
2	1	3	6	5	4	7	8	9
8	5	9	1	7	3	6	4	2
7	6	4	8	2	9	5	3	1
9	7	8	4	1	5	3	2	6
1	4	6	3	8	2	9	7	5
5	3	2	7	9	6	8	1	4

PUZZLE #10

4	3	6	2	7	1	5	8	9
8	2	7	9	4	5	3	1	6
1	5	9	3	8	6	4	2	7
2	6	3	8	1	9	7	4	5
5	1	4	7	3	2	6	9	8
9	7	8	5	6	4	2	3	1
3	8	5	1	2	7	9	6	4
7	4	2	6	9	8	1	5	3
6	9	1	4	5	3	8	7	2

PUZZLE #11

7	6	2	1	4	3	5	8	9
4	3	9	5	7	8	6	1	2
5	8	1	2	9	6	7	4	3
9	2	3	6	1	7	8	5	4
8	1	5	4	2	9	3	6	7
6	7	4	8	3	5	2	9	1
1	5	7	3	8	4	9	2	6
2	9	8	7	6	1	4	3	5
3	4	6	9	5	2	1	7	8

PUZZLE #12

2	6	1	3	8	5	9	7	4
4	3	5	6	7	9	8	2	1
9	8	7	4	2	1	3	6	5
6	2	4	7	3	8	5	1	9
5	1	3	9	4	2	6	8	7
8	7	9	1	5	6	4	3	2
3	5	8	2	9	7	1	4	6
7	9	6	8	1	4	2	5	3
1	4	2	5	6	3	7	9	8

PUZZLE #13

8	5	9	1	3	4	6	7	2
6	3	7	2	5	8	4	1	9
2	1	4	7	9	6	8	5	3
4	6	1	9	2	5	7	3	8
7	9	2	8	4	3	1	6	5
3	8	5	6	1	7	2	9	4
1	2	8	3	7	9	5	4	6
9	4	6	5	8	1	3	2	7
5	7	3	4	6	2	9	8	1

PUZZLE #14

6	2	1	8	5	3	7	9	4
4	5	8	7	9	1	6	3	2
7	9	3	6	2	4	5	8	1
3	6	2	1	8	5	4	7	9
9	7	4	2	3	6	8	1	5
8	1	5	4	7	9	3	2	6
2	3	6	9	4	7	1	5	8
1	8	7	5	6	2	9	4	3
5	4	9	3	1	8	2	6	7

PUZZLE #15

7	6	2	4	5	8	1	9	3
3	9	5	6	7	1	2	8	4
8	4	1	3	2	9	7	5	6
1	5	9	2	3	4	8	6	7
4	8	3	9	6	7	5	2	1
6	2	7	8	1	5	3	4	9
5	3	6	7	9	2	4	1	8
2	7	8	1	4	6	9	3	5
9	1	4	5	8	3	6	7	2

PUZZLE #16

2	6	3	4	7	1	8	9	5
1	5	8	6	9	3	2	7	4
9	4	7	8	5	2	3	1	6
4	9	5	2	8	7	6	3	1
6	3	2	5	1	4	7	8	9
8	7	1	3	6	9	4	5	2
5	2	9	7	3	6	1	4	8
3	8	4	1	2	5	9	6	7
7	1	6	9	4	8	5	2	3

PUZZLE #17

2	7	9	5	4	6	3	8	1
4	6	8	1	3	7	2	9	5
5	3	1	2	9	8	4	7	6
7	8	2	6	5	4	1	3	9
1	4	5	3	8	9	7	6	2
3	9	6	7	1	2	5	4	8
8	2	7	4	6	5	9	1	3
9	5	3	8	7	1	6	2	4
6	1	4	9	2	3	8	5	7

PUZZLE #18

5	4	8	7	6	1	2	3	9
1	2	7	3	4	9	8	5	6
6	9	3	2	8	5	1	7	4
2	5	1	4	3	8	9	6	7
4	7	6	9	1	2	5	8	3
8	3	9	5	7	6	4	1	2
3	1	4	8	9	7	6	2	5
9	8	2	6	5	3	7	4	1
7	6	5	1	2	4	3	9	8

PUZZLE #19

3	4	6	8	5	1	7	2	9
8	5	1	7	9	2	4	3	6
9	7	2	4	3	6	8	5	1
5	1	4	9	2	3	6	8	7
2	8	9	6	1	7	5	4	3
7	6	3	5	4	8	9	1	2
4	3	7	1	8	9	2	6	5
1	9	5	2	6	4	3	7	8
6	2	8	3	7	5	1	9	4

PUZZLE #20

3	4	7	9	2	8	1	5	6
6	8	1	4	7	5	3	9	2
9	2	5	3	6	1	7	4	8
2	3	8	5	1	4	9	6	7
7	5	9	6	8	2	4	1	3
1	6	4	7	9	3	8	2	5
4	1	6	8	5	7	2	3	9
5	7	3	2	4	9	6	8	1
8	9	2	1	3	6	5	7	4

SOLUTIONS SUDOKU 4*4

PUZZLE #1

3	4	1	2
1	2	3	4
2	1	4	3
4	3	2	1

PUZZLE #2

1	4	2	3
3	2	4	1
4	1	3	2
2	3	1	4

PUZZLE #3

4	1	2	3
3	2	1	4
1	4	3	2
2	3	4	1

PUZZLE #4

3	1	2	4
4	2	1	3
1	3	4	2
2	4	3	1

PUZZLE #5

4	3	2	1
2	1	4	3
1	2	3	4
3	4	1	2

PUZZLE #6

2	3	4	1
4	1	2	3
1	4	3	2
3	2	1	4

PUZZLE #7

2	3	4	1
4	1	2	3
1	4	3	2
3	2	1	4

PUZZLE #8

3	2	1	4
1	4	3	2
4	1	2	3
2	3	4	1

PUZZLE #9

1	2	3	4
4	3	2	1
2	1	4	3
3	4	1	2

PUZZLE #10

2	3	4	1
1	4	3	2
3	2	1	4
4	1	2	3

PUZZLE #11

1	3	4	2
4	2	1	3
2	4	3	1
3	1	2	4

PUZZLE #12

1	3	2	4
2	4	1	3
4	2	3	1
3	1	4	2

PUZZLE #13

2	3	1	4
1	4	2	3
4	1	3	2
3	2	4	1

PUZZLE #14

2	4	1	3
3	1	4	2
4	2	3	1
1	3	2	4

PUZZLE #15

3	1	2	4
2	4	3	1
4	2	1	3
1	3	4	2

PUZZLE #16

1	4	3	2
2	3	4	1
4	1	2	3
3	2	1	4

PUZZLE #17

1	2	4	3
4	3	1	2
3	4	2	1
2	1	3	4

PUZZLE #18

4	2	3	1
3	1	4	2
1	3	2	4
2	4	1	3

PUZZLE #19

3	4	1	2
1	2	3	4
2	1	4	3
4	3	2	1

PUZZLE #20

2	3	1	4
1	4	2	3
4	1	3	2
3	2	4	1

PUZZLE #21

3	4	2	1
1	2	4	3
4	3	1	2
2	1	3	4

PUZZLE #22

4	2	1	3
1	3	4	2
3	1	2	4
2	4	3	1

PUZZLE #23

2	4	1	3
3	1	4	2
4	2	3	1
1	3	2	4

PUZZLE #24

1	2	4	3
3	4	2	1
2	1	3	4
4	3	1	2

PUZZLE #25

1	4	2	3
2	3	1	4
3	2	4	1
4	1	3	2

PUZZLE #26

2	1	3	4
4	3	1	2
1	2	4	3
3	4	2	1

PUZZLE #27

4	3	1	2
1	2	4	3
2	1	3	4
3	4	2	1

PUZZLE #28

2	1	4	3
3	4	1	2
1	2	3	4
4	3	2	1

PUZZLE #29

3	2	4	1
4	1	3	2
1	4	2	3
2	3	1	4

PUZZLE #30

1	3	4	2
4	2	1	3
2	4	3	1
3	1	2	4

PUZZLE #31

3	2	4	1
4	1	3	2
1	4	2	3
2	3	1	4

PUZZLE #32

3	2	1	4
1	4	3	2
4	1	2	3
2	3	4	1

PUZZLE #33

3	4	2	1
2	1	3	4
1	2	4	3
4	3	1	2

PUZZLE #34

3	1	4	2
4	2	3	1
2	4	1	3
1	3	2	4

PUZZLE #35

2	4	3	1
3	1	2	4
1	3	4	2
4	2	1	3

PUZZLE #36

3	2	1	4
4	1	2	3
2	3	4	1
1	4	3	2

PUZZLE #37

3	1	4	2
2	4	1	3
1	3	2	4
4	2	3	1

PUZZLE #38

3	2	4	1
4	1	3	2
1	4	2	3
2	3	1	4

PUZZLE #39

4	3	1	2
2	1	3	4
3	4	2	1
1	2	4	3

PUZZLE #40

1	2	4	3
4	3	1	2
3	4	2	1
2	1	3	4

PUZZLE #41

1	4	3	2
2	3	4	1
4	1	2	3
3	2	1	4

PUZZLE #42

1	4	2	3
2	3	1	4
3	2	4	1
4	1	3	2

PUZZLE #43

4	3	1	2
2	1	3	4
3	4	2	1
1	2	4	3

PUZZLE #44

1	3	4	2
2	4	3	1
3	1	2	4
4	2	1	3

PUZZLE #45

4	3	1	2
1	2	4	3
2	1	3	4
3	4	2	1

PUZZLE #46

3	2	4	1
4	1	3	2
1	4	2	3
2	3	1	4

PUZZLE #47

3	4	1	2
1	2	3	4
2	1	4	3
4	3	2	1

PUZZLE #48

1	2	3	4
4	3	2	1
2	1	4	3
3	4	1	2

PUZZLE #49

3	4	1	2
1	2	3	4
2	1	4	3
4	3	2	1

PUZZLE #50

1	4	2	3
2	3	1	4
3	2	4	1
4	1	3	2

PUZZLE #51

2	1	3	4
3	4	2	1
4	3	1	2
1	2	4	3

PUZZLE #52

1	4	2	3
3	2	4	1
4	1	3	2
2	3	1	4

PUZZLE #53

1	4	2	3
2	3	1	4
3	2	4	1
4	1	3	2

PUZZLE #54

4	2	1	3
1	3	4	2
3	1	2	4
2	4	3	1

PUZZLE #55

4	2	1	3
3	1	2	4
2	4	3	1
1	3	4	2

PUZZLE #56

3	1	2	4
2	4	3	1
4	2	1	3
1	3	4	2

PUZZLE #57

4	3	2	1
2	1	4	3
1	2	3	4
3	4	1	2

PUZZLE #58

4	2	1	3
3	1	2	4
2	4	3	1
1	3	4	2

PUZZLE #59

1	2	4	3
3	4	2	1
2	1	3	4
4	3	1	2

PUZZLE #60

4	3	2	1
1	2	3	4
3	4	1	2
2	1	4	3

PUZZLE #61

3	1	4	2
2	4	1	3
4	2	3	1
1	3	2	4

PUZZLE #62

3	2	1	4
1	4	3	2
4	1	2	3
2	3	4	1

PUZZLE #63

4	1	2	3
3	2	1	4
1	4	3	2
2	3	4	1

PUZZLE #64

3	2	1	4
1	4	3	2
4	1	2	3
2	3	4	1

SOLUTIONS SUDOKU 4*4

PUZZLE #65

2	4	1	3
1	3	2	4
3	1	4	2
4	2	3	1

PUZZLE #66

1	3	2	4
4	2	3	1
3	1	4	2
2	4	1	3

PUZZLE #67

1	4	2	3
2	3	1	4
3	2	4	1
4	1	3	2

PUZZLE #68

2	3	4	1
4	1	2	3
1	4	3	2
3	2	1	4

PUZZLE #69

1	4	3	2
3	2	1	4
2	3	4	1
4	1	2	3

PUZZLE #70

1	4	3	2
2	3	4	1
4	1	2	3
3	2	1	4

PUZZLE #71

3	4	2	1
1	2	4	3
4	3	1	2
2	1	3	4

PUZZLE #72

3	1	2	4
2	4	3	1
4	2	1	3
1	3	4	2

PUZZLE #73

4	1	2	3
3	2	1	4
1	4	3	2
2	3	4	1

PUZZLE #74

4	3	1	2
2	1	3	4
3	4	2	1
1	2	4	3

PUZZLE #75

3	2	1	4
4	1	2	3
2	3	4	1
1	4	3	2

PUZZLE #76

4	1	3	2
2	3	1	4
1	4	2	3
3	2	4	1

PUZZLE #77

1	3	4	2
2	4	3	1
3	1	2	4
4	2	1	3

PUZZLE #78

3	1	4	2
4	2	3	1
2	4	1	3
1	3	2	4

PUZZLE #79

2	1	3	4
3	4	2	1
4	3	1	2
1	2	4	3

PUZZLE #80

3	4	2	1
1	2	4	3
4	3	1	2
2	1	3	4

SOLUTIONS SUDOKU 6*6

PUZZLE #1
```
2 5 1 3 6 4
6 3 4 2 1 5
3 6 5 4 2 1
4 1 2 6 5 3
1 4 6 5 3 2
5 2 3 1 4 6
```

PUZZLE #2
```
2 4 3 5 6 1
5 6 1 4 2 3
4 2 5 1 3 6
3 1 6 2 4 5
1 3 2 6 5 4
6 5 4 3 1 2
```

PUZZLE #3
```
2 3 1 5 6 4
6 4 5 3 2 1
5 2 4 1 3 6
3 1 6 2 4 5
4 5 3 6 1 2
1 6 2 4 5 3
```

PUZZLE #4
```
3 5 6 2 1 4
2 1 4 6 3 5
6 2 1 4 5 3
5 4 3 1 2 6
1 6 5 3 4 2
4 3 2 5 6 1
```

PUZZLE #5
```
3 5 4 1 2 6
2 1 6 5 3 4
1 6 3 2 4 5
5 4 2 3 6 1
4 3 1 6 5 2
6 2 5 4 1 3
```

PUZZLE #6
```
6 5 3 1 2 4
4 2 1 3 5 6
5 3 6 2 4 1
2 1 4 5 6 3
1 6 5 4 3 2
3 4 2 6 1 5
```

PUZZLE #7
```
3 5 2 1 4 6
6 1 4 3 2 5
4 3 5 2 6 1
2 6 1 5 3 4
1 4 3 6 5 2
5 2 6 4 1 3
```

PUZZLE #8
```
6 2 4 1 3 5
5 3 1 6 4 2
3 6 2 5 1 4
1 4 5 3 2 6
2 1 6 4 5 3
4 5 3 2 6 1
```

PUZZLE #9
```
5 1 3 6 2 4
4 6 2 3 5 1
1 3 5 2 4 6
6 2 4 1 3 5
2 5 6 4 1 3
3 4 1 5 6 2
```

PUZZLE #10
```
2 4 3 5 1 6
6 1 5 3 2 4
3 5 2 4 6 1
4 6 1 2 5 3
5 3 6 1 4 2
1 2 4 6 3 5
```

PUZZLE #11
```
5 6 4 3 1 2
2 1 3 4 5 6
3 5 1 2 6 4
4 2 6 5 3 1
1 4 5 6 2 3
6 3 2 1 4 5
```

PUZZLE #12
```
1 5 3 4 2 6
6 4 2 1 5 3
4 3 1 2 6 5
5 2 6 3 1 4
3 1 5 6 4 2
2 6 4 5 3 1
```

PUZZLE #13
```
1 6 5 2 4 3
2 4 3 5 1 6
5 2 1 6 3 4
4 3 6 1 5 2
3 5 2 4 6 1
6 1 4 3 2 5
```

PUZZLE #14
```
1 5 4 2 6 3
3 2 6 1 5 4
6 1 2 3 4 5
5 4 3 6 1 2
2 6 5 4 3 1
4 3 1 5 2 6
```

PUZZLE #15
```
1 6 3 4 5 2
2 4 5 3 1 6
4 1 6 5 2 3
5 3 2 6 4 1
3 5 1 2 6 4
6 2 4 1 3 5
```

PUZZLE #16
```
3 2 5 6 1 4
1 4 6 5 3 2
5 3 2 1 4 6
6 1 4 2 5 3
2 5 3 4 6 1
4 6 1 3 2 5
```

PUZZLE #17
```
1 6 3 4 5 2
2 4 5 3 1 6
4 1 6 5 2 3
5 3 2 6 4 1
3 5 1 2 6 4
6 2 4 1 3 5
```

PUZZLE #18
```
1 5 3 4 2 6
6 4 2 1 5 3
4 3 1 2 6 5
5 2 6 3 1 4
3 1 5 6 4 2
2 6 4 5 3 1
```

PUZZLE #19
```
2 6 4 5 3 1
5 3 1 6 2 4
4 5 6 2 1 3
1 2 3 4 5 6
6 1 2 3 4 5
3 4 5 1 6 2
```

PUZZLE #20
```
1 2 6 3 4 5
4 5 3 1 2 6
3 1 4 5 6 2
2 6 5 4 1 3
6 3 1 2 5 4
5 4 2 6 3 1
```

PUZZLE #21
```
6 3 5 2 1 4
2 4 1 3 5 6
3 2 4 1 6 5
5 1 6 4 3 2
1 6 2 5 4 3
4 5 3 6 2 1
```

PUZZLE #22
```
1 6 5 2 4 3
2 4 3 5 1 6
5 2 1 6 3 4
4 3 6 1 5 2
3 5 2 4 6 1
6 1 4 3 2 5
```

PUZZLE #23
```
3 1 6 2 4 5
5 4 2 6 3 1
2 5 4 3 1 6
6 3 1 4 5 2
4 2 5 1 6 3
1 6 3 5 2 4
```

PUZZLE #24
```
6 4 1 2 5 3
5 3 2 4 1 6
1 6 4 5 3 2
3 2 5 1 6 4
2 5 6 3 4 1
4 1 3 6 2 5
```

PUZZLE #25
```
3 5 2 1 4 6
1 6 4 2 3 5
2 1 3 6 5 4
6 4 5 3 2 1
5 3 1 4 6 2
4 2 6 5 1 3
```

PUZZLE #26
```
6 3 1 2 4 5
4 5 2 3 6 1
2 6 4 5 1 3
3 1 5 6 2 4
1 2 3 4 5 6
5 4 6 1 3 2
```

PUZZLE #27
```
3 2 5 6 1 4
1 4 6 5 3 2
5 3 2 1 4 6
6 1 4 2 5 3
2 5 3 4 6 1
4 6 1 3 2 5
```

PUZZLE #28
```
1 2 6 5 4 3
5 4 3 6 1 2
6 5 4 3 2 1
3 1 2 4 5 6
4 6 1 2 3 5
2 3 5 1 6 4
```

PUZZLE #29
```
4 2 5 3 6 1
3 6 1 2 5 4
2 3 6 1 4 5
5 1 4 6 2 3
1 5 2 4 3 6
6 4 3 5 1 2
```

PUZZLE #30
```
4 5 3 2 1 6
2 6 1 3 5 4
5 2 4 1 6 3
3 1 6 4 2 5
1 3 5 6 4 2
6 4 2 5 3 1
```

PUZZLE #31
```
3 1 6 2 4 5
5 2 4 6 1 3
1 4 3 5 6 2
6 5 3 4 2 1
2 6 5 1 3 4
4 3 1 5 6 2
```

PUZZLE #32
```
1 3 2 4 5 6
6 4 5 2 3 1
2 1 3 5 6 4
5 6 4 1 2 3
4 2 6 3 1 5
3 5 1 6 4 2
```

PUZZLE #33
```
4 5 1 2 6 3
2 6 3 4 1 5
1 2 6 3 5 4
5 3 4 6 2 1
6 4 5 1 3 2
3 1 2 5 4 6
```

PUZZLE #34
```
1 3 5 4 2 6
2 6 4 1 5 3
3 1 2 6 4 5
4 5 6 2 3 1
5 4 1 3 6 2
6 2 3 5 1 4
```

PUZZLE #35
```
1 5 4 3 2 6
3 6 2 4 1 5
4 1 5 2 6 3
2 3 6 1 5 4
6 4 1 5 3 2
5 2 3 6 4 1
```

PUZZLE #36
```
6 4 5 2 3 1
2 3 1 4 6 5
4 2 3 5 1 6
5 1 6 3 2 4
3 6 4 1 5 2
1 5 2 6 4 3
```

SOLUTIONS SUDOKU 6*6

PUZZLE #37

6	4	5	2	1	3
2	3	1	5	6	4
3	2	4	1	5	6
5	1	6	3	4	2
1	6	2	4	3	5
4	5	3	6	2	1

PUZZLE #38

2	4	6	5	1	3
3	1	5	2	6	4
5	2	3	1	4	6
1	6	4	3	5	2
6	5	2	4	3	1
4	3	1	6	2	5

PUZZLE #39

1	5	4	2	6	3
2	3	6	1	4	5
3	2	5	6	1	4
6	4	1	5	3	2
4	6	2	3	5	1
5	1	3	4	2	6

PUZZLE #40

6	5	4	3	2	1
3	2	1	6	5	4
2	3	6	1	4	5
1	4	5	2	6	3
5	1	2	4	3	6
4	6	3	5	1	2

PUZZLE #41

1	6	4	2	3	5
3	5	2	4	1	6
4	1	3	5	6	2
6	2	5	1	4	3
2	3	1	6	5	4
5	4	6	3	2	1

PUZZLE #42

3	5	2	1	4	6
1	6	4	2	3	5
2	1	3	6	5	4
6	4	5	3	2	1
5	3	1	4	6	2
4	2	6	5	1	3

PUZZLE #43

3	2	5	6	1	4
1	4	6	5	3	2
5	3	2	1	4	6
6	1	4	2	5	3
2	5	3	4	6	1
4	6	1	3	2	5

PUZZLE #44

3	5	4	2	6	1
1	2	6	3	5	4
6	3	2	1	4	5
5	4	1	6	3	2
2	6	5	4	1	3
4	1	3	5	2	6

PUZZLE #45

2	3	1	5	6	4
6	4	5	3	2	1
5	2	4	1	3	6
3	1	6	2	4	5
4	5	3	6	1	2
1	6	2	4	5	3

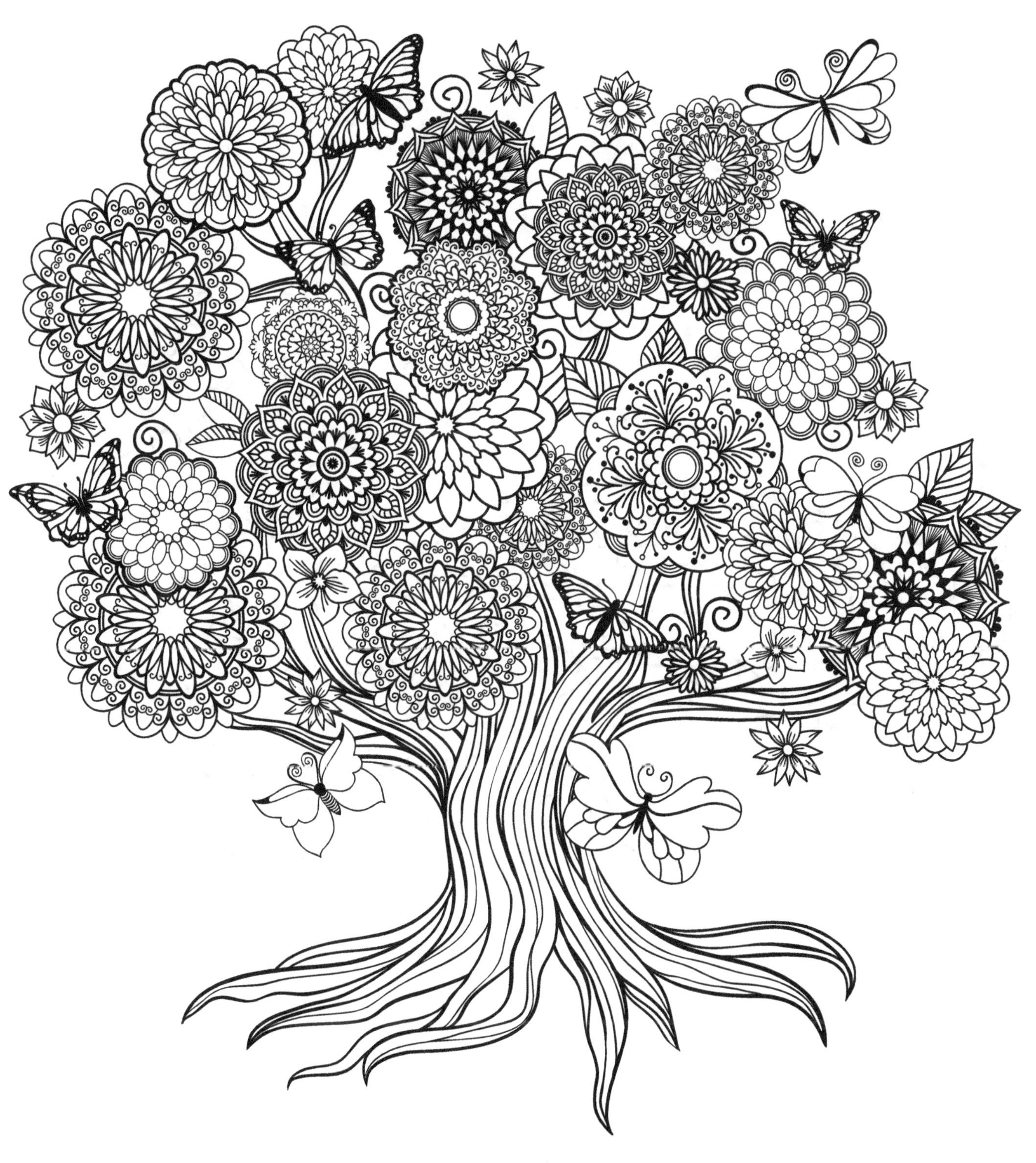

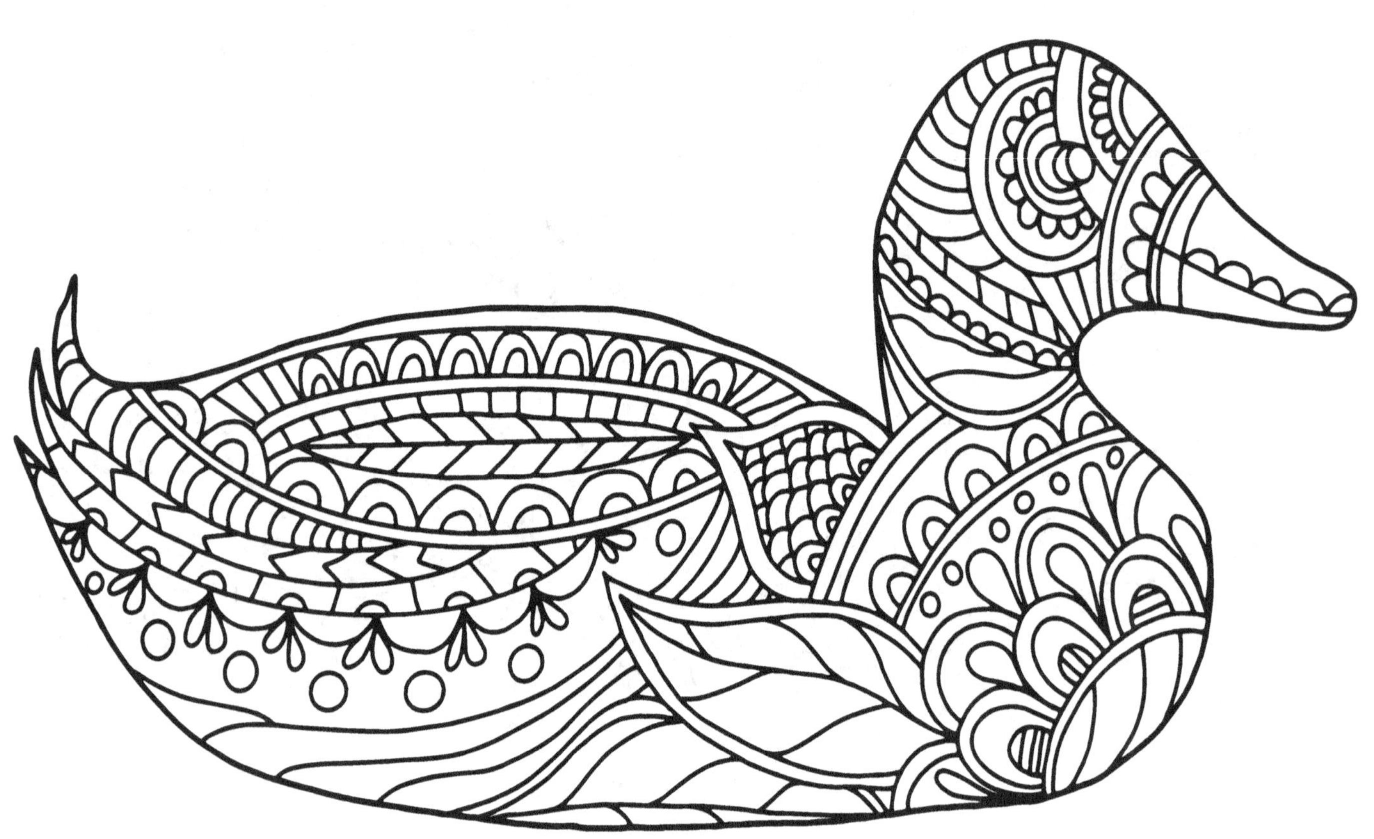

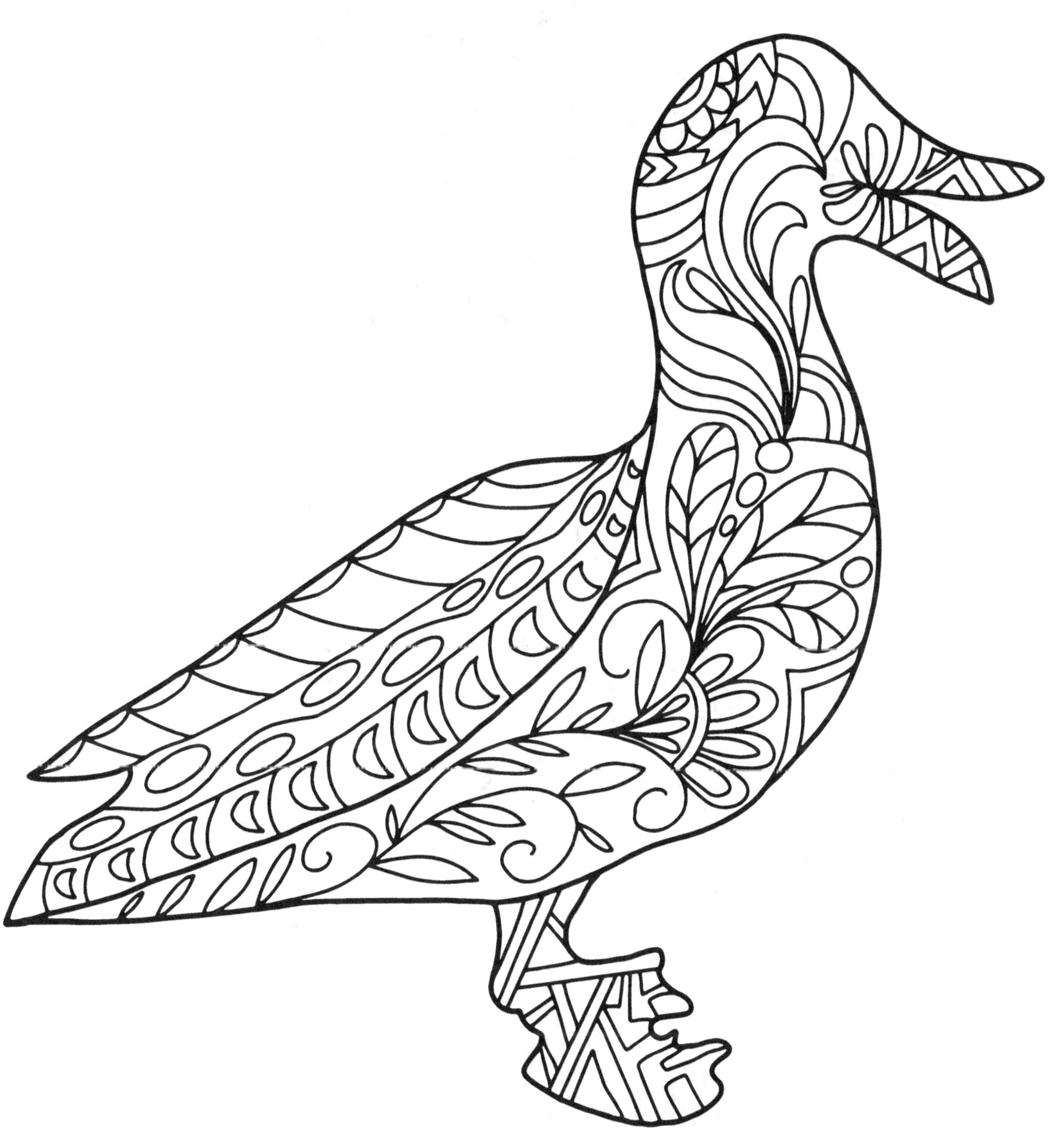

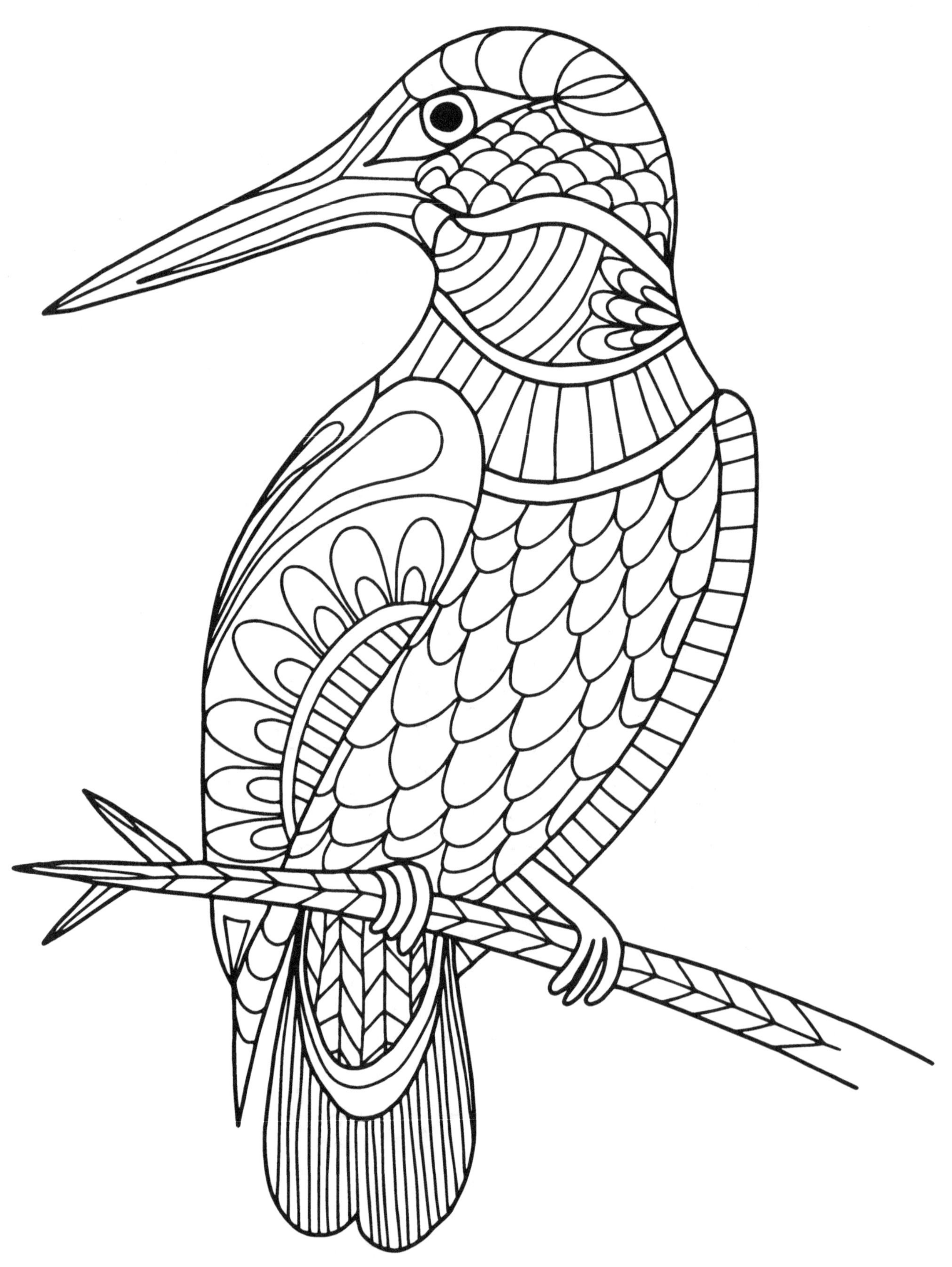

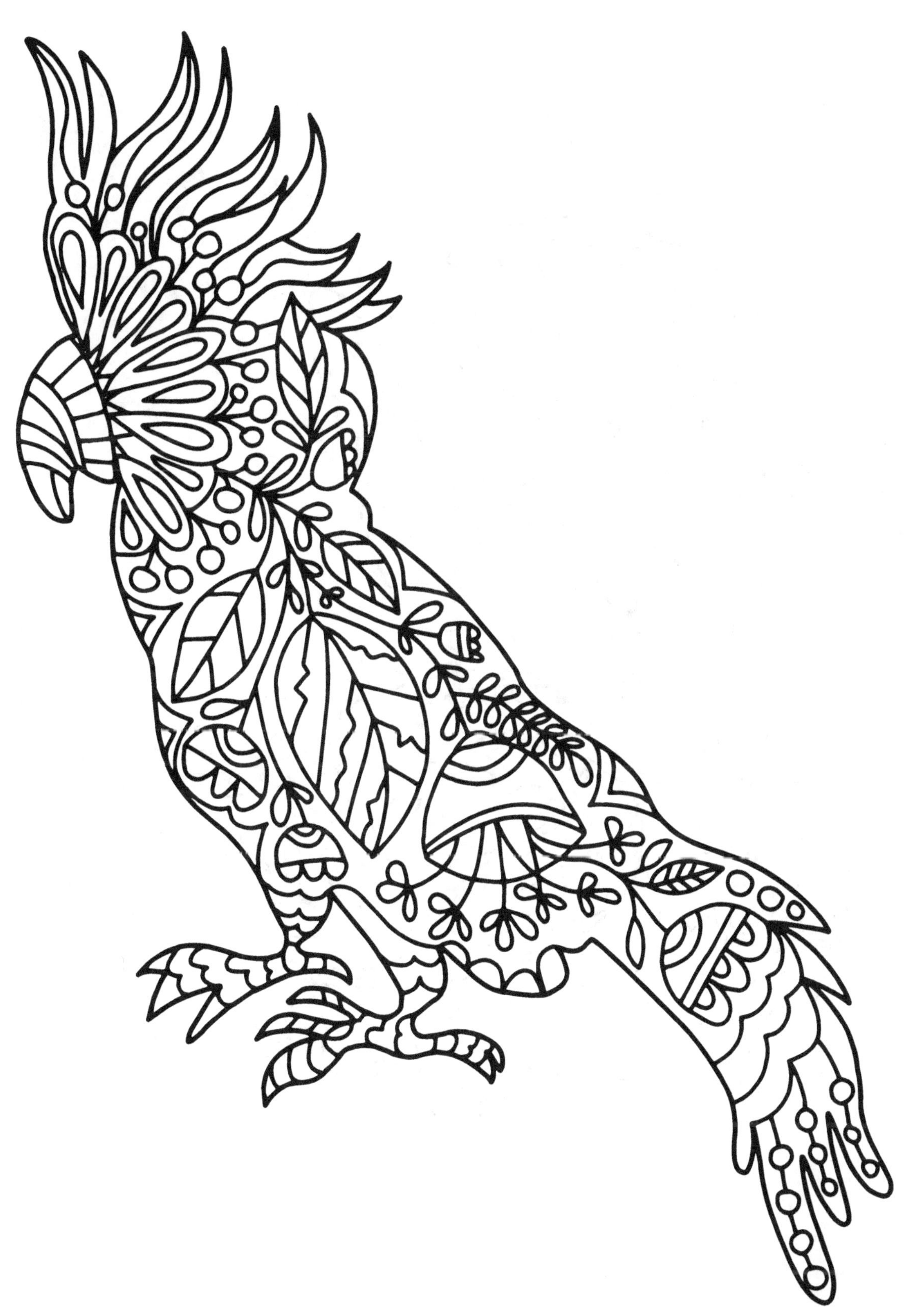

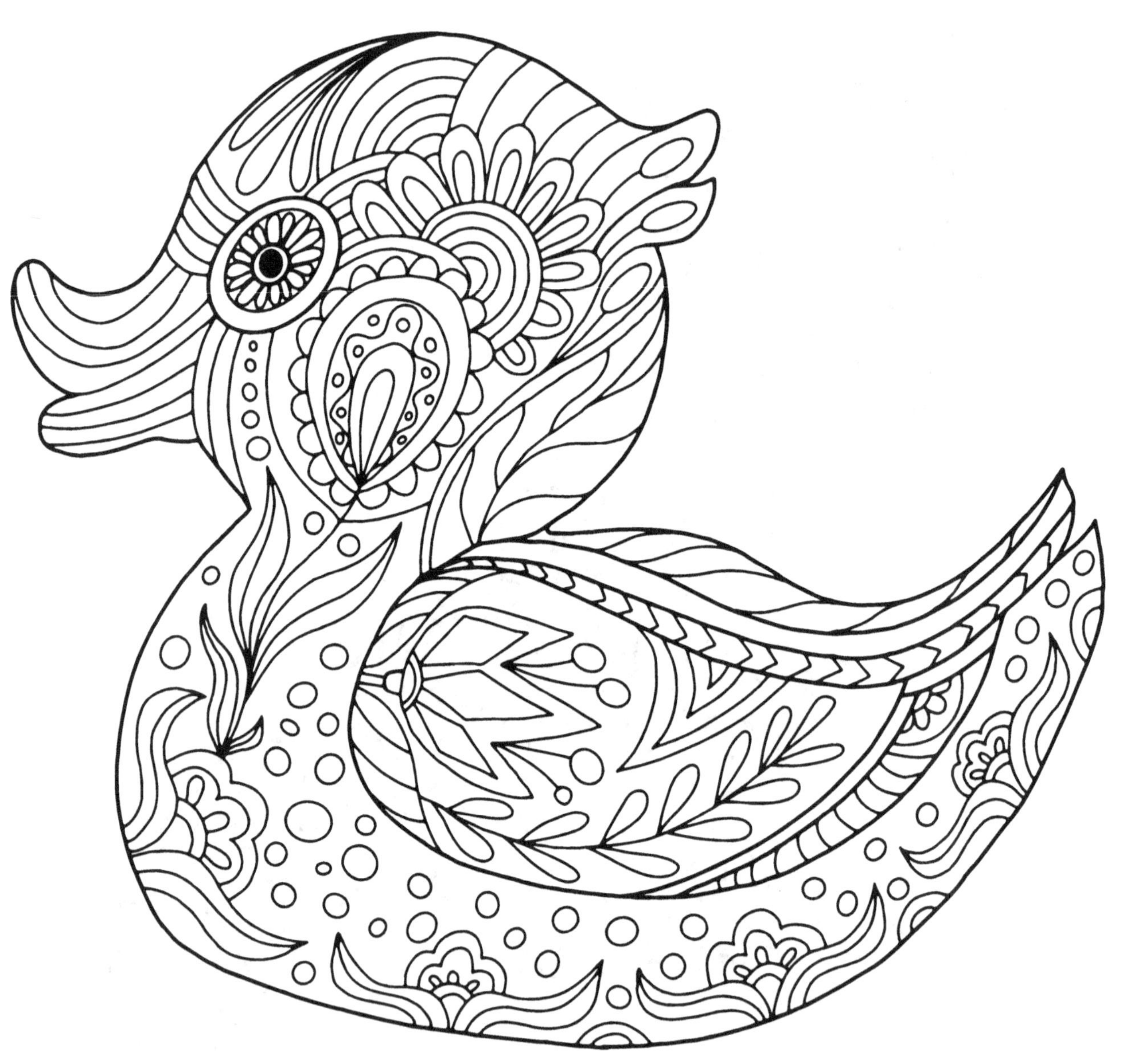

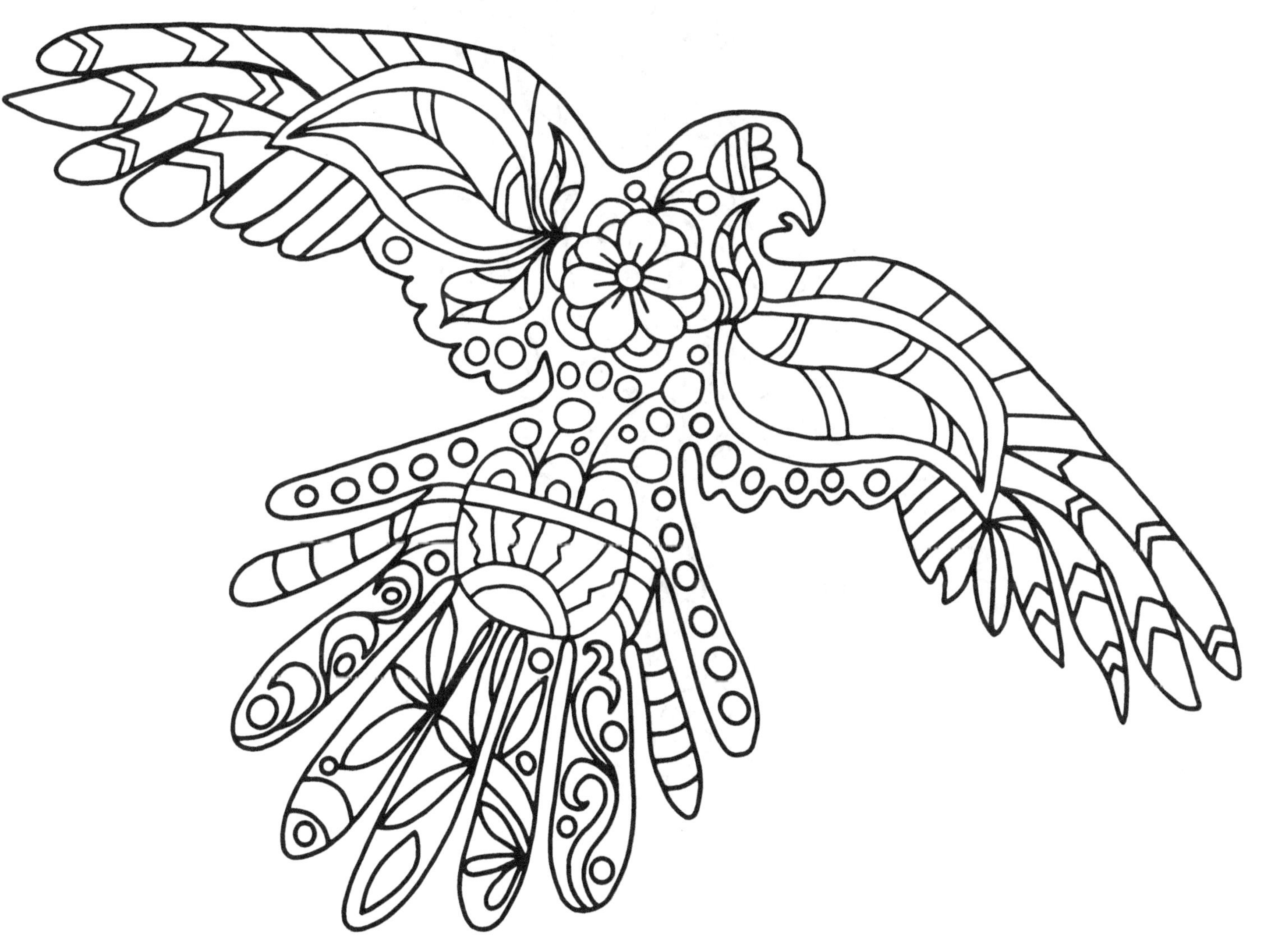

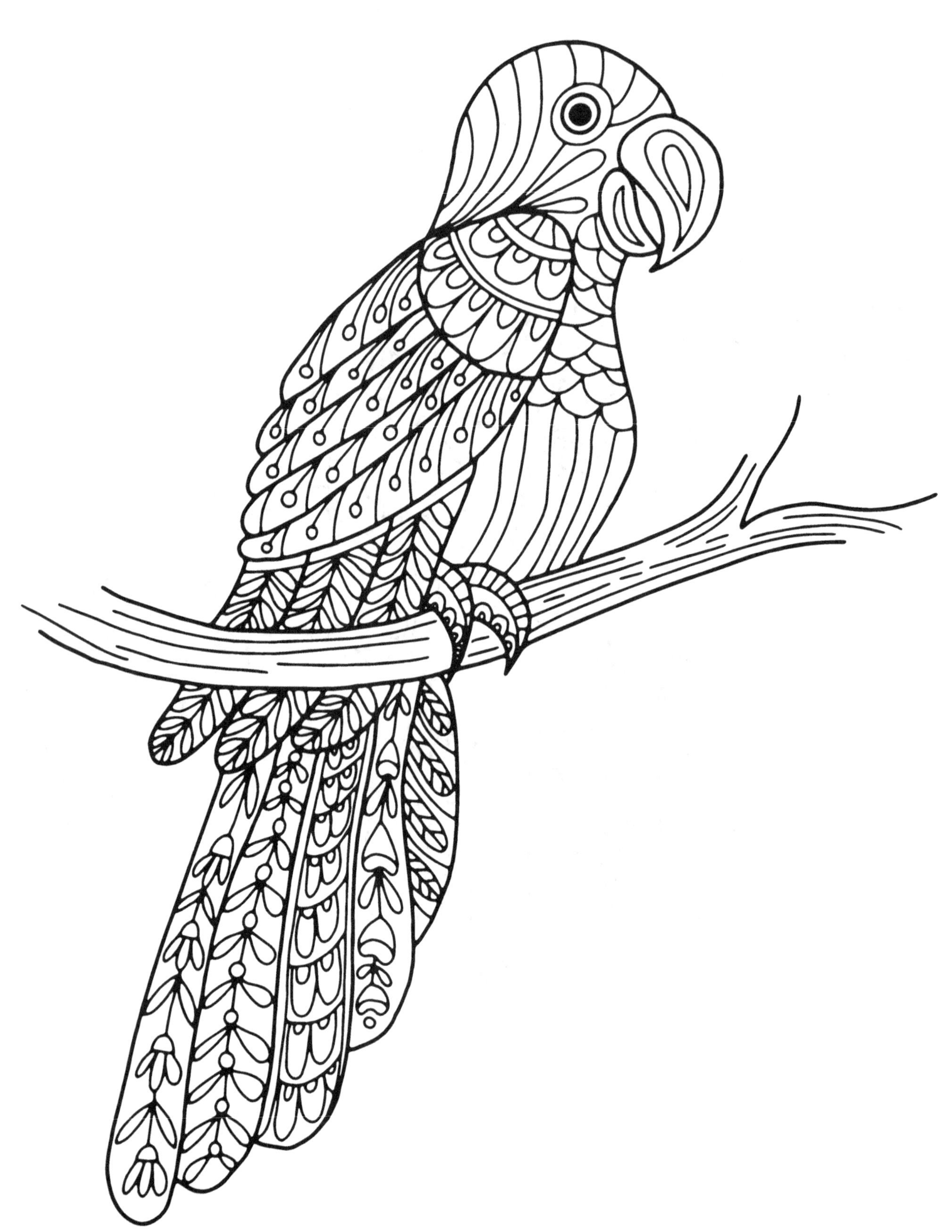